Harmony

이웃과 사회를 살리는
최성규 목사의 성경적 효 운동

하나님의 하모니

이웃과 사회를 살리는 최성규 목사의 성경적 효 운동

하나님의 하모니

지은이 | 최성규
초판 발행 | 2020. 8. 22
등록번호 | 제1988-000080호
등록된 곳 | 서울특별시 용산구 서빙고로 65길 38
발행처 | 사단법인 두란노서원
영업부 | 2078-3352   FAX | 080-749-3705
출판부 | 2078-3331

책값은 뒤표지에 있습니다.
ISBN 978-89-531-3838-4 03230

독자의 의견을 기다립니다.
tpress@duranno.com   www.duranno.com

* 이 책은《효 운동하는 목사 최성규의 고집》의 개정증보판입니다.

두란노서원은 바울 사도가 3차 전도여행 때 에베소에서 성령 받은 제자들을 따로 세워 하나님의 말씀으로 양육하던 장소입니다. 사도행전 19장 8-20절의 정신에 따라 첫째 목회자를 돕는 사역과 평신도를 훈련시키는 사역, 둘째 세계선교(TIM)와 문서선교(단행본 · 잡지) 사역, 셋째 예수문화 및 경배와 찬양 사역, 그리고 가정 · 상담 사역 등을 감당하고 있습니다. 1980년 12월 22일에 창립된 두란노서원은 주님 오실 때까지 이 사역들을 계속할 것입니다.

Harmony

이웃과 사회를 살리는
최성규 목사의 성경적 효 운동

하나님의 하모니

최성규 지음

40th
두란노

성경 역사상 가장 위대한 인물은 모세다. 그런 모세를 모세 되게 한 것은 그가 80세가 됐을 때(출 7:7) 떨기나무 불꽃을 보고, 그 불을 통해 주시는 하나님의 음성을 들으면서다(출 3:2-3). 금년 최성규 목사님은 80세시다. 최 목사님은 이미 많은 일을 이루셨다. 개척 교회를 초대형 교회로 일군 목회, 교육과 사회봉사, 연합 운동과 세계 선교를 말과 글로 그리고 몸으로 뛰며 쉴 새 없이 하나님께 충성했고 사람들에게도 많은 유익을 끼쳤다. 그러나 이제 그의 80세는 마무리 짓는 80세가 아니라 모세의 80세처럼 하나님의 일을 새롭게 시작하는 80세, 안식하는 80세가 아니라 큰일을 이루는 80세, 사람의 계획에서 80세가 아니라 하나님의 계획에서 80세가 되기를 바란다. 그것은 세상의 불과는 다른 불, 떨기나무 불꽃이 있어야 가능하다!

떨기나무 불꽃 이후 모세는 하나님이 명하시는 대로 지팡이 하나 들고 길을 나섰다. 그 후 모세는 열 가지 재앙, 홍해의 기적, 매일 내리는 만나와 메추라기, 반석에서 터져 나오는 샘물, 아말렉 전쟁에서의 승리, 놋뱀 사건 등 떨기나무 불꽃을 만나기 이전에는 상상도 하지 못했던 일들을 경험한다. 그저 하나님이 주관하시는 기적을 따랐을 뿐인데 모세는 위대한 일들을 이루게 되었다. 하나님이 주시는 기적은 일회적이고 유일한, 오직 하나뿐인 사건이다. 모세에게 내렸던 기적은 다른 사람에게는 없다. 80세를 맞으시는 최 목사님도 모세처럼 유일하면서도 놀라운 하나님의 기적을 경험하며 사시기를 바란다.

불은 사람의 관심과 주의를 빨리 집중시킨다. 하나님이 떨기나무에 불을 붙이신 것도 모세의 주의를 집중시키기 위해서였다. 그 후 하나님은 모세를 불 받은 사람으로, 사람을 이끄는 리더로 만드셨다. 하나님은 떨기나무 불꽃 앞에서 모세에게 "네 발에서 신을 벗으라"(출 3:5)고 말씀하셨다. 즉 "노예가 되라"는 말씀이다. 그리고 "이제 내가 너를 바로에게 보내어 너에게 내 백성 이스라엘 자손을 애굽에서 인도하여 내게 하리라"(출 3:10)고 모세에게 새 사명을 맡겨 보내셨다. 모세는 떨기나무 불꽃 경험 이후 200만 명으로 추산되는 이스라엘 민족의 생사를 이끄는 인도자가 되어 있었다. 모세의 말 한마디에 바로 왕까지 떨 정도였으니 모세의 일거일동이 당시 사람들의 절대 관심사였다. 최 목사님 역시 모세처럼 불의 사람이 되어 성도들은 물론이고 불신자들까지 이끄는 주의 종으로 구원의 열매 맺으시기를 바란다.

성경이 기록한 모세의 프로필은 다음과 같다. "이 사람 모세는 온유함이 지면의 모든 사람보다 더하더라"(민 12:3). "모세는 장래에 말할 것을 증언하기 위하여 하나님의 온 집에서 종으로서 신실하였고"(히 3:5). 이와 함께 성경에는 "여호와께서 모세에게 이르시되"라는 말씀이 1,000번도 넘게 나온다. 모세는 그 말씀에 모두 순종했다. 단 한 번, 므리바에서 물이 없어 원망하는 백성들 앞에서 여호와의 말씀대로 행하지 못한 실수가 있었지만(민 20:1-11), 그는 평생 자신을 보내신 하나님 앞에서 절대 순종만 하는 노예로 살았다. 그것은 하나님의 섭리가 주도하는 동족의 자유해방, 민족의 여호와 신앙 회복, 이스라엘 국가 건설에 참여하는 위대한 삶으로 만들었다. 최성규 목사님도 이 시대에 하나님의 보냄심을 받은 절대 순종의 노예가 되어 하나님의 섭리가 주도하는 남북한의 자유해방, 여호와 신앙 회복, 선민답게 신앙으로 경건한 새 나라 건설에 한 몫을 담당하는 인물 되시기를 바란다.

림인식 노량진교회 원로목사

존경하는 최성규 목사님의《하나님의 하모니》출간을 진심으로 축하드립니다. 7월에 태어나신 목사님의 삶은 7월의 열정과 싱그러움을 닮은 것 같습니다. 목사님은 7월의 태양보다 더한 열정으로, 7월의 푸름보다 더한 청년과 같은 싱그러움으로 지금껏 신앙과 효와 나라 사랑이 화합을 이루는 하모니 목회를 통해 한국교회와 세계교회에 큰 영향을 주고 계십니다.

현대 사회는 빠르게 발전하며 변화의 물결 속에 있습니다. 이 가운데 우리는 물질문명의 혜택과 함께 이전과 비교할 수 없는 풍요를 누리고 있지만 문명의 이기를 추구하며 촉발된 지역과 지역, 계층과 계층, 세대와 세대 간에 드리운 갈등과 반목은 오늘날 커다란 사회 문제가 되었습니다. 이렇듯 관계의 단절로 인해 저마다 미움과 원망, 상처와 갈등의 골이 깊어지는 이때 목사님이 천명하신 성경적 효와 신앙을 바탕으로 한 화합의 목회는 이 사회가 당면한 문제를 올바르게 적시하고 하나님과의 바른 관계 정립을 통해 지역, 계층, 세대를 초월한 하나됨의 길을 제시해 준다는 점에서 오늘날 목회가 지향해야 할 새로운 이정표라고 생각합니다.

목사님은 목회에서, 교계 연합 활동에서, 그리고 교육과 사회 활동에서도 큰 족적을 남기고 계십니다. 여의도순복음교회에서 부교역자로 첫 사역을 시작하신 목사님은 열정적인 목회로 담당하는 교구마다 괄목할 만한 성장을 이루셨으며 불과 3년 만에 대교구장과 선교국장을 거쳐 당시 수석부목사 격인 교무국장에 임명되시는 등 부교역자 시절부터 이미 조용기 원로목사님을 비롯하여 많은 선후배와 동역자에게 크게 인정받으셨습니다.

이후 인천순복음교회를 개척하셨는데 지하에서 시작한 인천순복음교회는 부흥에 부흥을 거듭하여 지금은 세계적인 교회로 우뚝 서 있습니다. 목사님은 교단 총회장과 한국기독교교회협의회 및 한국기독교총연합회 대표회장을 역임하시며 교단과 교계 발전에도 크게 이바지하셨고 성산효대학원대학교를 설립하여 성경적 효를 학문적으로 정립하시고 이를 통해 바른 인격과 능력을 갖춘 지도자를 양성하고 계십니다. 이러한 공로로 올해 1월에는 한국기독교 원로목회자재단에서 수여하는 '목회선교대상'을 수상하시기도 했습니다. 젊은 시절 요셉과 같이 광야의 길을 걸으시면서도 정직과 성실, 인내의 삶을 고수하신 목사님은 하나님이 쓰시는 귀한 종으로서 지금도 하나님 나라의 확장과 사회와 민족의 인재 양성의 길을 묵묵히 걸으시며 모든 목회자의 존경을 받고 계십니다.

제가 목사님을 특히 존경하는 이유는 저와 순복음신학교(현 한세대) 24회 동기로서 교분을 가지고 40년 넘게 목사님을 알아왔지만 목사님이 한 번도 다른 사람에 대해 부정적으로 이야기하시는 것을 들은 적이 없다는 것입니다. 목사님은 늘 긍정적인 마음으로 사람들에게도 그와 같이 대하십니다. 그런 목사님을 뵐 때마다 절대 긍정의 믿음을 가지신 참된 목회자라는 생각을 하게 됩니다. 모세는 80세에 하나님의 손에 붙들려 이스라엘 백성을 출애굽시키는 위대한 사명을 감당했습니다. 모쪼록 이제 팔순을 맞으신 목사님도 모세처럼 더욱 강건하심으로 하나님의 큰일들을 계속해서 이루어 나가시리라 믿습니다. 목사님의 책 출간을 축하드리며 이제까지 목사님의 사역을 인도해 오신 하나님께 감사와 찬양을 드립니다.

이영훈 여의도순복음교회 위임목사

만년 청년 최성규 목사님의 팔순을 축하드립니다. 곁에서 지켜본 최 목사님은 늘 청년이셨고 멋쟁이셨습니다. 축하할 일이 많지만 몇 가지로 요약하겠습니다. 먼저, 건강을 축하드립니다. 고령화 사회, 장수 시대라고 말하지만 건강하게 팔순을 맞는 사람은 흔치 않습니다. 건강에 이상이 오면 표정이 일그러지거나 어두워집니다. 그런데 최 목사님은 언제 만나도 밝고 환하십니다. 그것은 건강의 증표입니다. 건강은 타고난 것, 관리하는 것이라고 하지만 건강은 하나님의 선물입니다. 은혜 아니면 건강 유지가 힘듭니다. 건강한 모습 오래도록 지니시고 활력 넘치는 사역 감당하시기를 바랍니다.

둘째, 효 신학 정립을 축하드립니다. 그동안 '효'는 유가의 전용물인 양 이해됐고, 효에 대한 이론 정립도 그랬습니다. 그러나 효는 성경 전체를 관통하는 기둥이고 뿌리입니다. 최 목사님은 일찍부터 효를 신학화하고 현장화하는 데 앞장섰습니다. '효'의 구현을 위해 학교를 세웠고 수많은 사람을 효 가족으로 만들었으며 그 사명은 지금도 진행 중입니다. 그리고 '효'의 국민운동을 위해 다양한 활동을 해 오셨습니다. 그리스도인의 하나님 섬김과 효의 개념은 같은 파이프라인이어서 효의 필요성이 절실합니다. 효 운동의 불모지에서 이 일을 시작하고 펼쳐 나가시는 것을 축하드립니다.

셋째, 완주 목회를 축하드립니다. 수많은 목회자가 목회 길을 걷기 시작하고 또한 걷고 있습니다. 그러나 완주의 점을 찍는 것은 말처럼 쉽지 않습니다. 중도 포기도 있을 수 있고 탈락도 있을 수 있습니다. 그런데 최 목사님은 인천순복음교회를 개척한 이후 줄기찬 성장의 기적을 일구었고 완주의 끝점을 찍으셨습니다. 그것이 가능했던 것은 교회 구성원이 좋은 탓도 있겠지만 목회자로서의 인격과 신앙으로 지도력을 지켰기 때문입니다. 지도력이 흔들리면 교회 성장은 물론 유지도 버겁습니다. 그런데 최 목사님은 대형 교회를 이루셨고 성장 목회의 귀감을 세워 주셨습니다.

넷째, 왕성한 연합 운동을 축하드립니다. 드러난 직함만도 셀 수가 없습니다. 교단, 연합기구, 사회 곳곳 최 목사님 손길이 미치지 않은 곳이 없습니다. 일이란 본인이 원해서 맡는 경우가 있고 능력을 인정받아 사람들이 맡기는 경우도 있습니다. 아무리 그 일을 맡고 싶어도 지도력을 인정받지 못하면 맡을 수가 없습니다. 그런데 최 목사님은 맡은 사역마다 성공의 열매를 거두셨습니다. 준비된 리더십과 부단한 노력 때문입니다. 지금 한국교회는 균열과 단절 때문에 몸살을 앓고 있습니다. 그럴수록 최 목사님 같은 지도력이 필요합니다.

다섯째, 가정 목회 성공을 축하드립니다. 가정 목회는 결코 녹록지 않습니다. 부모가 바라는 대로 자녀들이 따라주는 게 쉽지 않습니다. 그래서 힘들어하는 부모도 있습니다. 하지만 어느 부모가 자녀의 일탈을 바라겠습니까? 마음대로 안 되는 것이 자식이라는 말은 목회자들에게 큰 짐이 되곤 합니다. 그런데 최 목사님의 경우 아드님이 대를 이어 목회자가 되고 목회를 이어 가는 모습이 아름답습니다. 가정 목회의 성공, 이 큰 복을 무엇과 비기겠습니까?

마지막으로, 좋은 이웃이 곁에 있는 것을 축하드립니다. 칠순이든 팔순이든 모른척하는 사람들이 늘어나고 있습니다. 세상이 거칠고 각박해졌기 때문입니다. 그런데 최 목사님 곁에는 좋은 벗들이 있어서 인생길과 사역의 길을 함께 걸을 수 있다는 것이 큰 복이 아닐 수 없습니다.

최 목사님은 한마디로 복인이십니다. 축하할 일이 수십 가지인데 한마디로 말하자면 모두 하나님 은혜입니다. 더 건강하셔서 보람되고 유의미한 사역으로 충만한 삶 누리시기를 바랍니다.

박종순 충신교회 원로목사

성산 최성규 원로목사님의 팔순을 진심으로 축하드립니다. '효'를 펼치는 일을 필생의 과업으로 삼고 자나 깨나 "효를 하면 모두가 행복하다"고 가르치고 실천하신 목사님께 감사드립니다. 특히 "효" 운동을 학문의 체계로 발전시키고 실천적 학문으로 승화시켜 성산효대학원대학교까지 설립하신 위업에 찬사를 보냅니다. 이는 기독교적으로 말하면 일종의 '효 실천신학대학원'인 셈입니다. 아주 특수한 전문대학원의 성격을 띠고 지금까지 '효학'으로 명예박사 25명, 박사 105명, 석사 1,100여명이나 배출된 것도 특별한 업적에 속합니다. 지금도 쉬지 않고 효를 중심으로 7개 전공학과가 가동되면서 7,000여 명의 효 전문인들이 활동 영역을 넓혀가고 있다는 것에 경의를 표합니다.

특별히 성산효대학원대학교가 교육목표로 삼는 7효는 우리 모두가 실천해야 할 덕목입니다. 곧 하나님 사랑, 부모 사랑, 어린이 사랑, 가족 사랑, 나라 사랑, 자연 사랑, 이웃 사랑의 가치입니다. 사실은 '효'라는 이름의 '사랑'의 계명입니다. 한국의 문화 전통이 담으려고 시도한 서양식 언어 표현이 바로 사랑이라는 것입니다. 우리가 잘 아는 고린도전서 13장에 담긴 '사랑'이라는 단어를 '효'라는 단어로 바꾸어 표현한다면 훌륭한 효의 찬가가 될 수 있을 것입니다. "효는 오래 참고, 친절하며, 시기하지 않으며, 뽐내지 않으며, 교만하지 않으며, 무례하지 않으며, 자기의 이익을 구하지 않으며, 성내지 않으며, 원한을 품지 않으며, 불의를 기뻐하지 않으며, 진리와 함께 기뻐하는" 모습을 재생해 낼 수 있을 것입니다. 이제 우리의 과제가 있습니다. 성경이 말하는 사랑의 찬가를 우리의 생활 속에서 효 찬가와 만나게 하는 것입니다. 이것을 복음의 토착화 작업이라 해도 좋을 것입니다.

오늘 우리의 세계는 사랑에 굶주려 있습니다. 햇빛처럼 밝게 빛나는 사랑에 그리고 햇볕처럼 따뜻한 사랑에 주리고 목말라하고 있습니다. 그 사랑은 하나님이 모든 인류에게 값없이 베풀어 주신 사랑입니다. 그것은 이웃과 함께 나누는 사랑이고, 부모와 함께 나누는 사랑이고, 어린이와 함께 나누는 사랑이고, 가족과 함께 나누는 사랑이고, 나라와 함께 나누는 사랑이고, 자연과도 함께 나누는 사랑으로 온 세상과 함께 나누는 사랑입니다. 이 사랑 나눔이 바로 '효'라는 사랑 나눔입니다. 성산효대학원대학교가 이러한 사랑 나눔의 귀중한 터전이 되기를 바랍니다. 효 사랑을 훈련하고, 효 사랑을 밝히고 익히며, 효 사랑을 연구하고, 효 사랑을 실천하는 전당이 되기를 소망합니다.

박종화 경동교회 원로목사

최성규 목사님은 팔순을 맞이하셨다는 말이 잘 믿기지 않을 정도로 여전히 왕성한 섬김의 활동을 하고 계십니다. 말씀과 성령의 목회를 통해 인천순복음교회를 사도행전적 교회로 이끄시고, 성산효대학원대학교를 통하여 성경적 효 사상을 전 세계에 알리는 귀한 일을 이루어 오셨습니다. 그 밖에도 교계와 사회봉사 활동은 다 언급하기 힘들 정도로 다양하고 풍성합니다. 일을 하려고 하는 사람은 많지만, 어떤 일이든지 성실하게 해내고 열매 맺는 사람은 매우 드뭅니다.

최 목사님은 맡으시고 시작하신 모든 일에서 성실하시고, 열매까지 맺으신 귀한 분입니다. 최 목사님의 얼굴은 언제나 환한 미소가 가득합니다. 아무리 힘들고 어려운 상황에서도 환한 얼굴로 해결해 나가십니다. 주변의 모든 사람을 품으시고 붙잡아 주십니다. 참 귀한 인격이십니다. 또한 최 목사님의 가정은 진리 안에서 화목한 가정입니다. 자녀들이 믿음 안에서 귀한 일꾼들로 자라나 참된 효를 실천하고 있는 가정입니다. 이는 말씀대로 먼저 실천하고 보여 주신 목사님의 신앙으로 맺힌 열매들입니다. 팔순을 맞이하시는 목사님의 발자취를 정리하여 다음세대에게 알려 주는 일은 매우 중요한 일입니다. 이 귀한 책이 최 목사님의 신앙의 유산을 잘 이어 가는 귀한 통로가 되기를 기도하며 축복합니다.

이재훈 온누리교회 담임목사

최성규 목사님은 인성 교육 전문대학원인 성산효대학원대학교를 설립하시고 지난 23년 동안 8,000명이 넘는 효 인성 교육 지도자들을 배출하셨으며 효의 가르침을 학문적으로 정립하셨을 뿐만 아니라 효 운동을 믿음의 삶과 인류 행복의 근본임을 가르쳐 오셨다. 이런 최성규 목사님의 따뜻하고 감동적인 사역에 깊이 감사드린다. 또한 최성규 목사님의 목회 사역이 담긴 이 책이 아름다운 열매로 많은 사람에게 감동의 가르침을 전하리라 기대한다.

최성규 원로목사님이 대학 시절을 명지대학교에서 수학하시고 졸업 후에는 우리나라를 대표하는 목회자로서 목회와 선교에 혼신의 노력을 기울이신 것은 한국교회의 보배로운 역사가 되었다. 나는 아직도 명목회(명지대 출신 목회자 모임) 회장으로서 최 목사님이 베풀어 주시고 보여 주신 삶을 통한 목회의 모습을 잊지 않고 있다. 특히 효를 가장 중요한 덕목으로 가르치시는 최 목사님의 아름다운 가정이 이 나라의 많은 목회자의 모범이 되어 꿈이 없는 영혼들의 가정에 귀한 삶의 지표가 되리라 믿는다. 가정뿐만 아니라 이 나라 정치, 경제, 사회, 예술 전반에 걸쳐 효 정신이 깊이 영향을 주고 귀한 가르침이 되어 우리 모두의 삶이 사랑과 화합의 평화로움을 되찾기를 소망한다.

최성규 목사님은 우리가 따르는 목회자요 스승이시다. 이제 젊은 팔순을 맞이하신 최 목사님이 더욱 역동적으로 활약해 주셔서 한반도뿐만 아니라 아시아를 넘어 전 세계에 효의 믿음 운동이 전파되기를 소망한다. 그렇게 하늘나라의 평화를 넘치게 하는 밝은 희망의 길이 되시기를 바란다.

정근모 전 명지대학교 총장

초록의 푸름이 짙어져 가는 8월, 《하나님의 하모니》 출간을 기쁘고 영광스럽게 생각하며 목사님의 건강과 귀한 은총을 허락하여 주신 하나님께 감사드립니다. 항상 어느 청년 못지않게 왕성한 사회 활동과 선교 활동을 이어 나가시는 목사님이 어느덧 팔순이 되신 것이 믿어지지 않습니다. 성결한 신앙심을 바탕으로 종교와 사회의 귀감이 되어 주시는 최 목사님은 우리 명지의 자랑이자 자긍심입니다.

최 목사님은 우리 대학 경영대학 졸업 이후 뜻하신 바가 있어 신학의 길로 접어드셨습니다. 여의도순복음교회 조용기 목사님의 동역자로서 훈련을 받으시고, 인천순복음교회를 개척하셔서 지역과 민족의 복음화, 세계 선교를 위해 활동하고 계십니다. 목사님은 신앙인으로서의 소명과 교육자로서의 소명을 하나로 보시고, 성산효대학원대학교를 설립하여 성경에 근거한 '효' 개념을 학문적으로 정립하고 전문적인 연구와 개발에 힘쓰셨습니다. 최 목사님은 우리말 성경에서의 '효' 정신을 개발하여 이를 우리 시대의 중요한 실천 규범으로 정리하시는 온고지신의 정신으로 삶의 지혜를 알려 주고 계십니다. 국가와 민족에게 '효'를 통한 국민 화합과 민족 정의를 실현하시고, 더 나아가 '효'를 통한 세계 평화를 실현하시는 목사님에게 머리 숙여 경의를 표합니다. 그야말로 하나님의 말씀을 들고 인류 문화 향상을 위해 앞장서는 이 시대의 선생님이십니다.

존경하는 최성규 목사님은 신앙인과 교육자로서만이 아니라 행정가로서도 지대한 공적을 세우셨습니다. 2016년 국민대통합위원회 위원장을 역임하면서 국민통합을 통한 남북의 화해와 협력을 위해 헌신하신 목사님의 노고는 우리 사회의 희망의 등불입니다. 기독교 정신의 실천을 통해 우리 사회에 굵직한 족적을 남긴 목사님의 모든 걸음걸음은 국가와 사회, 더 나아가 세계 평화에 기여하는 기독교 신앙 그 자체입니다.

우리 학원의 방목 유상근 설립자님이 생전에 가장 사랑하고 자랑스럽게 여겼던 동문이 최성규 목사님이십니다. 설립자님이 목사님을 위해 기도하시던 모습이 아직도 생생합니다. 또한 우리 대학 명예이사장으로서 우리 대학을 위해 기도하시고, 아낌없는 지도를 베풀어 주심에 깊은 감사의 마음을 전합니다. 저를 포함한 많은 명지 가족은 목사님의 사역과 건강을 위해 끊임없이 기도하고 있습니다. 설립자님도 천국에서 목사님을 위해 기도하고 계시리라 믿습니다. 이렇듯 목사님의 공로는 널리 알리고 기려야 함이 마땅하다고 생각합니다. 이번 책 출간을 통해 최성규 목사님의 발자취가 소중한 기록으로 남을 수 있게 되어 무엇보다 기쁘게 생각합니다. 더불어 팔순을 맞이하시게 된 것을 진심으로 축하드립니다. 마지막으로 이 사회의 존경받는 큰 어른으로 더욱 왕성한 활동을 기대하며, 목사님과 가족 분들의 건강과 행복을 위해 기도합니다.

유병진 명지대학교 총장

Harmony

2부

효, 부흥의 날개를 달다

H a r m o n y

3부

하나님 나라를 완성해 가는
성경 7효

4부

효에서 HYO로!
하모니를 이루다

에필로그

사건이 역사가 되다

1995년 6월 29일은 한국 사회에 커다란 충격을 안겨 준 날인 동시에 목회자였던 나에게 커다란 전환점을 가져온 날이다.

그날 서울의 중심지 강남 한복판에 서 있던 삼풍백화점이 무너졌다. 세워진 지 5년 밖에 되지 않은 백화점이 맥없이 무너져 내린 것이다. 부와 풍요와 번영을 자랑하는 강남의 백화점이 한순간 내려앉은 사건은 우리나라의 번영과 성장이 한순간에 내려앉는 좌절을 경험하게 했다. 8·15 광복 이후 최고의 인재(人災)라는 오명을 남겼던 삼풍백화점 붕괴 사건의 사상자는 사망자 502명을 포함하여 무려 1,500여 명에 달했다. 사건을 지켜보던 국민은 통탄을 금치 못했고 잿더미 속에 갇혀 스러져 가는 생명을 안타깝게 지켜봐야 했다.

당시 나도 너무도 가슴이 아파 성도들과 함께 울며 기도를 하고 있었는데, 그때 희망의 소식이 들려왔다. 매몰된 현장에서 세 명의 청년이 극적으로 구출된 것이다. 도저히 살아 나올 수 없을 것 같던 현장에서 한 명, 한 명이 구출되어 나올 때마다 온 국민은 기쁨에 겨워했다. '하나님 감사합니다'가 저절로 나오는 순간이었다. 그러면서 구출된 청년 모두 그리스도인이지 않을까 내심 기대도 했다. 그런데 기대와는 달리 그리스도인은 한 명도 없었다.

예상 외로 세 청년의 공통점은 효자, 효녀였다. 뭔가 한 대 맞은 느낌이었다. '하나님은 왜 효자, 효녀의 생명을 귀하게 보셨을까.' 그때 처음으로 효에 관심을 갖기 시작했다. 성경을 펼쳤다. 하나님은 과연 효에 대해 어떻게 말씀하시는지 알고 싶었다. 가장 먼저 떠오르는 것이 십계명이었다.

"네 부모를 공경하라 그리하면 네 하나님 여호와가 네게 준 땅에서 네 생명이 길리라"(출 20:12).

십계명 중 제5계명에 속하는 이 계명은 대신(對神)계명과 대인(對人)계명을 잇는 연결고리다. 부모 공경은 사람을 향한 계명의 첫 계명이자 다른 계명과는 달리 하나님의 약속이 있는 첫 계명이다. 하나님은 부모 공경의 계명을 실천하는 자녀들에게 땅에서 잘되는 복과 장수의 복(엡 6:1-3)을 주길 원하신다.

이 계명에 대해 초대 교부였던 제롬(Jerome)은 "제5계명이 둘째 돌판의 다른 계명들의 초석이고 원인이며 증표와도 같고, 또 여기에서만 장수의 복을 약속하고 있는 것으로 보아서 그만큼 중요하다"고 역설했다. 종교개혁자 마르틴 루터(Martin Luther)도, 칼 바르트(Karl Barth)도 부모는 세상에서 하나님의 대리자라고 강조한 것을 보면, 하나님의 신적 권위에서 효행이 유래되었음을 알 수 있다. 공경하라는 말에 사용된 히브리어 '카베드' 역시 그 대상이 오직 하나님과 부모님에게 향해 있는 것을 보면 효는 하나님의 명령이고 가장 성경적인 인간의 도리이며 사회의 질서라는 생각에 이르렀다.

기독교 원리를 효 차원에서 다시 보게 되니 성경은 효경(孝經)이었다. '효' 하면 제일 먼저 공자를 떠올리겠지만 성경은 공자가 태어나기 약 910년 앞서 모세를 통해 효를 말하고 있었다. 엄밀히 말해 효사상의 원조가 기독교인 것이다. 다만 한국적 토양에서는 효를 유교의 전유물로 생각하는 데다 조상의 제사를 거부한다는 이유로, 기독교는 부모도 못 알아보는 불학무식한 종교, 반사회적 종교로 취급받았던 것이다.

하지만 다시 보게 된 성경을 통해 생각이 바뀌었다. 성경 도처에서 효를 언급하며 강조하고 있는데 우리가 그동안 무관심했다는 사실을 깨달았다. 성경을 통해 효의 성경적, 윤리적 당위성이 엄연함을 확인하며 세상의 편견에 당당하게 맞서야겠다는 자신감도 방망이질 쳤다. 세상을 향해 성경이 말하는 효를 외치고 싶었다. 돌이켜 보면 그 순간이 하나님이 나에게 새로운 사명을 깨닫게 해 주신 시간이었던 것 같다. 사건이 말씀과 만나자 무너진 콘크리트 더미에서 성경적 효를 발견하는 역사가 일어난 것이다.

1995년 7월 16일 주일 '기독교와 효'라는 효에 관한 첫 설교를 하며 그때부터 효 목회를 시작했다. 효가 살면 나라가 사는 꿈, 효가 살면 사회가 건강해지고 경제가 성장하는 꿈, 효가 살면 교육이 바로 서고 가정이 행복해지는 꿈, 그리하여 모두가 행복하게 사는 꿈을 꾸며 지금껏 한결같이 효를 외쳤다. 25년이 지난 지금 가정이 변하고, 사회가 움직이고, 새로운 효의 시대정신이 싹트는 것을 본다. 우리나라, 더 나아가 전 세계로 성경적 효가 확산되는 미래 사회를 소망하게 된다.

효 운동을 시작한 지 25년, 원로목사가 된 나는 모든 설교의 자리를 내려놓고 가장 편안하고 기쁜 일을 시작했다. 성도들의 예배를 안내하는 직분을 맡아 성도 한 사람, 한 사람과 만나 인사를 나눈다. 코로나 사태 이전까지는 손을 잡으며 인사를 나누기도 했지만 상황이 여의치 않게 되자 그저 "건강하세요"라는 인사만 건넨다. 처음에는 성도들이 만류하기도 했지만 지금은 이심전심 "목사님, 그저 건강만 하십시오"라고 눈물 글썽이며 인사를 건넨다.

그러고 보면 짧다면 짧고 길다면 긴 효 운동을 해 온 혜택을 내가 가장 많이 받으며 살고 있는 듯하다. 교회의 질적 부흥은 물론이요 성도들의 변화된 삶과 더불어 그들로부터 효의 실행 대상이 되고 있기 때문이다. 이러니 부족한 나를 통해 효 목회를 하게 하신 하나님의 은혜에 어찌 감사하지 않을 수 있겠는가.

이 책은 고희를 맞아 목회를 회고하며 썼던 책《효 운동하는 목사 최성규의 고집》의 개정증보판이다. 10년 만에 다시 책을 내게 된 것은 인천순복음교회의 기반을 이루었던 신앙심과 효심과 애국심의 삼심(三心)의 철학은 물론, 이 삼심의 철학이 녹아 있는 성경적 7효, 효 정신을 이웃과 사회로 확장시킨 하모니 정신을 총망라하여 담고 싶어서다. 고상한 집념을 가지고 효 목회를 추진하던 70세의 최성규와 이제는 돌아와 거울 앞에 선 누님과 같은 모습으로 하모니를 연주하고자 하는 80세의 최성규를 함께 보여 주길 소망한다. 조금 더 욕심을 내 본다면 이 하모니가 후배들에게 선한 영향력을 끼칠 수 있다면 바랄 게 없겠다.

지금 나에게는 여러 타이틀이 붙는다. 때론 그 무게가 버겁기도 하지만 하나님이 허락하신 일이라 생각하며 감사히 받아들인다. 그럼에도 가장 좋아하는 타이틀은 예나 지금이나 한결같다. 바로 '효 목사'다. 이 책이 부족하지만 하나님의 효자가 되길 그토록 바랐던 목사의 효자행전이 되길 기도하며 궁극적으로는 아버지 하나님을 애경(愛敬)하는 아가서가 되길 기도한다.

　　　　　　　　　　　　　　　　　　　　　　　2020년 8월
　　　　　　　　　　　　　　　　　　　　　　　최성규

Harmony

1부

효 목회가
태동하기까지

절대
호래자식 소리는
듣지 마라

나는 전형적인 유교 집안에서 태어났다. 9대 독자인 할아버지는 내가 초등학교에 입학하기 1년 전에 돌아가셨다. 수염을 길게 기른 할아버지는 두루마기에 높은 나막신을 신고, 지팡이를 들고 다니시던 엄한 학자셨다. 할아버지는 내가 여섯 살이 되자 '천자문'과 '동몽선습', '명심보감'을 차례로 가르치셨는데, '명심보감'은 할아버지가 돌아가시는 바람에 떼지 못했다. 할머니는 6·25 전쟁이 발발한 1950년 1월에 돌아가셨다. 6·25 전쟁은 동족상잔의 비극이기도 하지만 우리 가정의 비극이기도 했다. 전쟁으로 서른두 살의 아버지와 두 분의 작은아버지를 한꺼번에 잃었으니 말이다. 그 바람에 우리 집안에 졸지에 과부가 셋이나 나왔다.

아버지를 잃은 나는 어머니를 도와 생계를 꾸려야 했기에 뭐든 돈이 되는 일이라면 몸을 아끼지 않고 했다. 하지만 열 살 꼬마가 할 수 있는 일이라는 게 그리 많지는 않았다. 더구나 전쟁으로 유린된 국토에서, 그것도 시골의 어린아이가 돈벌이로 할 수 있는 일은 별로 없었다.

전쟁으로 폐허가 된 우리나라 경제를 두고 영국 타임스의 한 기자가 "한국에서 희망을 찾느니 쓰레기통에서 장미꽃 피는 것을 기대하라"고 말할 정도로 암울하고 어두운 시대였다. 암울한 시대 환경은 나의 유년을 전쟁의 상흔으로 물들이며 삶의 무게를 더했기에 아버지의 빈자리를 그리워할 겨를도 없었다.

한참 뛰어놀 나이에 일을 하고, 학교에서 공부할 시간에 밭을 매고, 잠잘 새벽 시간에 가마니를 지고 장터로 향했다. 가장이 있는 집도 먹고살기 어려운 판국에 아버지마저 안 계셨으니 다른 집보다 어려운 건 당연했다. 그러나 고백하건대 당시의 고생을 비관하거나 절망하지 않았다. 원대한 희망을 품은 것도 아니다. 그저 숙명으로 알고 묵묵히 그날그날 최선을 다할 뿐이었다. 놀고 싶어도 참아야 하고, 학교에 다니고 싶어도 마음을 눌러야 하고, 잠자고 싶어도 몸을 일으켜야 했던 그때의 삶은 나에게 책임감과 절제를 가르쳐 준 선생이었다.

어머니는 먹고살기 힘든 상황에서도 우리 형제들을 앉혀 놓고 입버릇처럼 하신 말씀이 있다.

"애비 없는 호래자식 소리를 들어선 안 된다. 어른들에게 말대꾸하지 마라. 성실을 밑천으로 살아라."

어머니는 행여 우리가 마을에서 애비 없는 호래자식 소리를 들을
까 봐, 어른들에게 버릇없다는 소리를 들을까 봐, 가난한 살림에 게으
르기까지 할까 봐 늘 걱정이셨다. 덕분에 호래자식 소리를 듣지 않으
려고 강박에 가까울 정도로 언행을 조심했다.

마을에서 아이들과 놀다가 어른들에게 야단이라도 맞을 일이 생기
면 다른 아이들은 슬금슬금 도망을 가도 나는 끝까지 남아서 꾸중을
들었다. 잘못한 일이 없을 때도 마지막까지 남아서 꾸중을 다 들었다.
그렇게 하는 게 호래자식 소리를 안 듣는 일이며, 버릇없다는 소리를
안 듣는 일이라 생각했다. 게다가 꾸지람을 듣는 게 싫지 않았다. 꾸
지람을 좋아할 사람이 어디 있을까마는 왠지 나를 야단치시는 어른의
훈계가 아버지 말씀으로 들렸다. 아버지의 훈계가 그만큼 그리웠던
나에게 지도해 줄 어른이 있다는 것이 감사했던 것 같다.

그렇게 끝까지 남아 야단을 맞고 있으면 오히려 야단치시던 마을
어른이 멋쩍어하셨다. "네가 잘못한 것도 아닌데 애꿎게 너만 혼냈구
나" 하시며 미안해하시던 생각이 난다. 70년도 지난 지금까지 그때
의 일이 생생하게 기억나는 것을 보면 깨나 호래자식 소리 듣지 않으
려 애썼나 보다.

경험만큼
좋은 스승은
없다

효 목사로 알려지면서 효에 관한 강의를 하러 학교에 자주 가곤 했다. 언제나 푸릇푸릇한 학생들을 보고 있노라면 나도 모르게 빙그레 웃음이 나오는데, 그토록 다니고 싶었던 학교를 가슴 졸이며 어렵게 다니던 때가 떠올라 가슴이 아리기도 하다.

전쟁 이듬해 봄이 되자 닫혔던 학교가 문을 열었다. 다시 학교가 시작했다지만 너나없이 어렵던 때라 학교에 다니지 못하는 아이들이 많았다. 그중 한 사람이 나였다.

열한 살이 된 나는 학교에 보내 달라는 말도 못하고 어머니 눈치만 살폈다. 한두 달이 지나자 등교하는 친구들이 점점 늘어났다. 아침마다 동산에 올라 등교하는 친구들의 뒷모습을 훔쳐보며 눈물을 삼켰다. 그러다가 나중에는 등교하는 친구들의 모습을 애써 외면하며 공부하고 싶은 마음을 눌렀다. 하지만 누르면 누를수록 학교에 가고 싶은 마음이 용수철처럼 튀어 올랐다. 당장 먹고살기도 버거운데 학교 보내 달라 떼를 쓸 수도 없는 노릇이라 더 답답했다.

어느 날, 3학년 담임선생님이 나를 부르셨다.

"너희 아버지를 봐도 그렇고 네 집안을 봐도 그렇고 네가 초등학교 3학년으로 공부를 끝낼 놈이냐? 반장까지 하던 놈이 초등학교도 졸업 못하면 어떡하냐?"

선생님 말씀을 듣는데 나도 모르게 서러움이 툭 터져 눈물이 뚝뚝 떨어졌다. "선생님, 저도 학교 다니고 싶어요"라고 매달리고 싶었으나 입으로는 다른 말이 나왔다.

"선생님, 저는 돈이 없습니다. 돈이 없어 학교 다닐 수 없습니다."

이 말만 되풀이하는 나를 보자 선생님은 어깨를 툭 치며 그러셨다.

"내일부터 일단 나와."

일단 나오라는 말씀에 천하를 얻은 기분이 들었다. 어린 생각에도 학교를 다니게 해 주겠다는 뜻이라는 것을 알았기 때문이다. 다시 학교에 갈 수 있게 되자 안 먹어도 배부를 정도로 신이 났다. 학교에 가게 되자 어머니도 내심 기뻐하셨다. 워낙 가난하다 보니 "공부가 밥 먹여 주냐?"면서 눈치를 주셨지만, 막상 학교에 가게 되자 그 누구보다 좋아하셨다.

한 가지 문제라면 빈손으로 학교에 가게 되었다는 사실이다. 당시 우리 집은 노트 한 권, 지우개 하나 살 형편도 못 되었다. 학교는 가야 겠는데 빈손 휘저으며 갈 수 없는 노릇이라 궁여지책으로 셋째 작은 아버지가 일본에서 공부할 때 쓰신 일기장을 지워서 가져가기로 했다. 어렵게 지우개를 구해 일기장 한 권을 모두 지웠는데 시커멓게 번 지기만 할 뿐 깨끗하게 지워지지 않았다. 그래도 상관없었다.

반쯤 지워진 헌 공책을 들고 수개월 만에 학교에 가 보니 3학년과 6학년이 합반이 되어 있었다. 선생님은 3학년에게는 국어책 베끼는 자습을 시키고 중학교에 진학하는 6학년만 데리고 수업을 하셨다. 교과서가 없던 나는 난감했다. 친구들처럼 책이 없으니 국어책을 베낄 수가 없었던 것이다. 자습을 마치고 하나둘 집으로 가는 친구들 사이에서 멀뚱멀뚱 앉아 있던 나는 마음이 급해지기 시작했다. 책이 없다는 말이 차마 입 밖으로 나오지 않아 몇 시간이나 잠자코 앉아 있으니, 다섯 명쯤 남았을 때에야 선생님이 나를 발견하시곤 책을 빌려주셨다.

기쁜 마음으로 책을 받아 들고 헌 공책에 한 자, 한 자 적어 내려갔다. 시커멓게 번진 공책에 쓰다 보니 글자가 선명하지 않았지만 상관없었다. 학교에 다닐 수 있다는 사실만으로도 너무 기뻤기에, 숯검정 공책이지만 소중하고 애지중지했다.

이덕무의 심경이 이랬을까. 조선 후기의 학자 이덕무는 책 살 돈이 없어 늘 남에게 빌려 보았다고 한다. 책을 읽다가 귀한 내용을 만나면 종이를 아끼기 위해 파리 대가리만 한 작은 글씨로 베껴 적었다. 그렇게 베낀 책이 수백 권이고, 읽은 책은 수만 권이다. 서얼의 신분이라

책을 읽는다고 벼슬길이 열리는 것도 아니건만 그는 무섭게 읽었다. 풍열로 눈병에 걸려 눈을 뜨는 것조차 어렵고, 열 손가락이 동상에 걸려 피가 나는 상황에서도 책만 읽을 수 있다면 크게 만족했다. 어머니와 누이를 영양실조 끝에 얻은 폐병으로 떠나보내고 남은 가족이 굶주림에 시달리는 절대 궁핍 속에서도 그는 책을 빌릴 수 있다는 것에 기뻐했다. 책에서 깨달음을 얻으면 손뼉을 치고 경중경중 어깨춤을 추며 즐거워했다. 가난을 한탄할 법도 하련만 그는 우직하게 학문에 정진해 서른아홉 되던 해에 규장각 검서관에 임명되어 정조의 각별한 사랑을 받았다고 한다.

나 역시 공책 살 돈이 없어 작은아버지가 쓰던 일기장을 지워서 학교에 갔지만 배울 수 있다는 사실에 기쁘기만 했다. 교과서도 없이 달랑 연필 한 자루, 헌 공책 한 권을 들고 갔어도 학교로 불러 주신 선생님이 그렇게 감사할 수가 없었다. 선생님이 불러 주시지 않았다면 초등학교 3학년이 최종 학력이 되었을지도 모른다.

지금도 지우개 하나 없어 간신히 빌려 쓰고 새 공책이 없어 헌 일기장을 지워 사용하던 때를 떠올린다. 한 끼만 배불리 먹어도 감사했던 시절, 낭비할 것조차 없던 그 시절은 눈비를 막아 주던 초가집만 있어도 만족했던 시절이었다. 숯검정 공책이지만 필기도구가 있고 교실에 앉아 있을 수 있게 된 것만으로도 감사했던 시절이었다.

낭비를 일삼는 지금과는 참 상반되는 모습이다. 요즘 어린이날이 되면 부모는 아이들의 선물을 준비하느라 허리가 휜다고 한다. 얼마나 눈높이가 높으면 학용품 선물을 쓰레기 취급한다니 격세지감도 이만저만이 아니다. 생일파티가 끝난 뒷자리에 뜯지도 않은 학용품이나 문구세트가 뒹굴기도 하고, 학교에는 찾아가지 않는 분실물이 쌓여 가며, 홍보용 문구류는 받자마자 길바닥에 버린다고 하니 너무 풍족해서 탈이다. 너무 많아서 하찮게 여기는 물건이 다른 누군가에게는 눈물 나게 필요한 것인 줄 알면 우리 아이들도 함부로 버리지 못할 텐데 말이다.

그러고 보면 우리 교회 장 집사님은 작은 것의 가치를 아는 분이다. 그분은 단기선교를 떠나는 선교팀에 해마다 한 무더기의 학용품을 후원한다. 선교지에서 한국 학용품은 매우 인기가 좋아서다. 교실이 없어서 천막에서 공부하고 학용품이 절대 부족한 나라의 어린이들에게는 71년 전 작은아버지가 쓰신 일기장을 재활용하던 어린 시절의 나처럼이나 그 학용품이 고맙고 소중할 것이다.

집사님은 6·25 전쟁 직후의 한국을 떠올리게 하는 나라의 어린이들을 위해 1년간 학용품을 꾸준히 모은다. 그리고 선교를 떠날 무렵에는 한 꾸러미의 학용품을 더 구입해서 예쁘게 포장한다. 물론 쓰던 물건은 수집하지 않는다. 그렇게 문구류를 후원하니 이제는 믿지 않는 이웃들이 문구류를 싸 가지고 와서 집사님이 구입한 문구류에 보태지니 풍성한 후원품이 된다. 그렇게 많은 선교지로 학용품이 후원되었다. 참 아름다운 마음이다. 그 집사님을 볼 때면 학용품이 그토록 절실했던 어린 시절이 떠올라 가슴이 뭉클해진다.

경험만큼 중요한 스승은 없다. 배우고 싶으나 배울 수 없는 형편에 처해 본 사람이 배움의 소중함을 안다. 부족함을 경험한 사람이 풍족함의 소중함을 안다. 그러고 보면 참 어려웠고 가난했던 시절의 경험 덕분에 누군가는 당연하게 여기는 것의 소중함을 알게 된 나의 어린 시절에 감사하다.

경험만큼 중요한 스승은 없다.
배우고 싶으나 배울 수 없는 형편에 처해 본 사람이
배움의 소중함을 안다.
부족함을 경험한 사람이 풍족함의 소중함을 안다.

H a r m o n y

가마니 짜는 소년,
가난을
배우다

학교에 다시 가게 된 그해 겨울, 나는 어머니와 겨우
내 가마니를 짰다. 말하자면 부업이었다. 가마니를 짜려면 먼저 볏짚
을 부드럽게 하기 위해 곰배로 볏짚을 빻는다. 짚의 숨을 죽여 보들보
들해져야 새끼를 꼬을 수 있고 비로소 장에 내다 팔 수 있는 가마니가
된다. 그런데 곰방메로 볏짚을 빻는 일이 여간 힘든 게 아니다. 열한
살 소년이 하기에는 힘에 부치는 일이었지만 대신 일해 줄 사람도 없
었다.

힘을 다해 곰방메로 빻아 짚이 부드러워지면 새끼를 꼬기 시작한
다. 몇 날 며칠 새끼를 꼬다 보면 더 이상 새끼를 꼴 수 없을 정도로
손바닥이 아프다. 손바닥에 힘을 주어 새끼를 꼬기 때문에 며칠간 계

속하면 막대기로 손바닥을 맞은 것 이상으로 통증이 심했다. 그렇다고 멈출 수 있는 형편도 아니라 계속하다 보면 나중에는 손바닥에서 피가 났다. 통증이 심해 그만두고 싶었지만 내가 그만두면 어머니 혼자 그 일을 다 해야 하니 피 나는 손으로 새끼를 꼬았다. 그렇게 며칠 동안 새끼만 꼬고 나면, 며칠은 가마니만 짠다. 그렇게 쌀가마니 10장이 완성되면 천안장에 내다 팔았다.

가마니를 내다 파는 일도 나의 몫이었다. 학교에서 돌아와 저녁을 먹은 뒤 초저녁에 잠깐 눈을 붙였다가 다음 날 새벽 2-3시경에 일어나 집을 나선다. 가까운 곳에 장이 있긴 하지만 값을 제대로 받으려면 30리 길을 걷더라도 천안장에 내다 팔아야 했다. 장에 갈 때는 보통 쌀가마니 10장을 지고 마을 어른들과 함께 출발하는데 언제나 어린아이는 나 혼자였다. 어리다 보니 가마니를 지고 일어나지 못해서 고꾸라지거나 캄캄한 산길에서 발을 헛디뎌 구른 적도 있다.

가마니를 지고 5시간 동안 산길을 걸으면 한겨울에도 비 오듯 땀이 쏟아진다. 함께 떠나는 마을 어른들의 걸음을 놓칠 새라 코앞도 분간할 수 없이 어두운 산길을 잰걸음으로 걸어 장에 도착하면 훤하게 동이 터 오곤 했다.

어렵게 장에 도착해도 먼저 도착한 마을 어른들이 좋은 터를 잡기에 나는 늘 가장자리였다. 게다가 장사 수완도 없었기에 "가마니 사세요" 하고 말을 못 했다. 그러다 보니 좋은 자리를 맡은 어른들이 장사를 끝내고 나서야 가마니를 슬그머니 앞으로 내놓았다. 신기한 것은 언제나 수줍던 어린 장사꾼의 가마니가 다 팔렸다는 사실이다.

가마니 장사를 하다가 얽힌 웃지 못할 일도 있다. 한번은 눈이 내린 겨울날이었다. 눈이 오는 날은 눈빛 때문에 밖이 훤하기 마련인데, 새벽인 줄 알고 자다 말고 벌떡 일어나 급하게 장을 향해 나섰다. 장에 도착해 보니 깜깜한 밤중이었다. 집에 시계가 없으니 마을 사람들 모두 시간을 잘못 가늠한 것이다.

우리 일행은 바람 피할 데도 없는 장터에서 매서운 바람을 맞으며 더디 오는 아침을 기다렸다. 다른 날에 비해 훨씬 더 오래 고생하며 장에 머물렀지만 고생스럽긴 해도 가마니를 다 팔고 돌아오는 길이 얼마나 뿌듯했는지 모른다. 얼마 되진 않지만 살림에 보탬을 주었다는 뿌듯함이 춥고 힘든 것을 다 잊게 해 주었다.

돌아오는 길에 운 좋게 군대트럭을 만나 얻어 타는 날이면 횡재한 기분이었다. 트럭 뒤에 올라타면 살을 에는 칼바람이 얼굴을 때리고 홑겹의 얇은 옷을 뚫지만 걸어오는 것보다는 나았다.

가마니 장사는 꽤 오랫동안 계속되었다. 어린 나이에 가마니를 짜서 장에 내다 팔 수 있었던 것은 초등학교를 졸업하겠다는 일념과 성실함이 인생의 자산이라는 어머니의 가르침 덕분이었다.

"서 발 장대 흔들어 봐라. 우리 집에 걸리는 게 뭐 있냐? 아무것도 없는 가난한 형편일수록 더욱 성실해야 한다."

'성실'이 가난한 집의 밑천이라는 가르침은 훗날 내 삶에 귀중한 자산이 되었다. 열한 살 겨울은 혹독했으나 돌이켜 보면 그것마저 고마운 훈련이었다. 지금은 추억 속으로 사라진 가마니지만 가끔 가마니를 보게 되면 그 시절 천안장을 향해 걸어가던 모습이 겹쳐진다. 속옷까지 뚫고 들어오는 칼바람을 맞으며 한겨울에도 땀이 날 정도로 가마니 10개를 이고 지고 가는 힘겨운 어린 시절의 내 모습이 아련하면서도 숙명이려니 받아들이며 그 산길을 걸어가던 소년의 묵묵함에 박수를 보내고 싶다.

'성실'이 가난한 집의 밑천이라는 가르침은
훗날 내 삶에 귀중한 자산이 되었다.
열한 살 겨울은 혹독했으나 돌이켜 보면
그것마저 고마운 훈련이었다.

땀은
상처에
아로새겨진다

다시금 위기가 몰려왔다. 3학년 담임선생님의 배려로 다시 학교에 가게 됐지만 학년이 올라가면서 상황이 여의치 않아졌기 때문이다. 5학년이 되어서는 밀린 공납금 때문에 수업이 끝나면 교무실에서 벌을 서는 날이 많아졌다. 아이에게 독촉한다고 돈 나올 데가 있는 것도 아닌데 학교에선 하루가 멀다 하고 채근했다. 더 이상 학교를 다니기 힘들어졌다. 그래도 어머니께는 아무 내색도 할 수 없었다.

'어쩌면 정말 학교를 다닐 수 없겠구나' 마음을 내려놓을 즈음, 또 한 번 선생님이 나서 주셨다. 형편이 어렵다는 것을 아시곤 한 가지 제안을 하신 것이다.

"너, 일 하나 할래? 선생님 집에서 키우는 돼지에게 줄 꼴을 베어와. 그럼 선생님이 밀린 공납금을 내 주마."

"네, 선생님 그렇게 하겠습니다."

요즘 말로 하면 근로 아르바이트다. 일주일에 두세 번 꼴 베는 일은 일도 아니었다. 아버지가 돌아가시고 난 뒤 여름이면 서른다섯 기나 되는 산소 벌초를 혼자 했으니 꼴 베는 일이야 식은 죽 먹기였다.

해마다 여름철이 되면 사람들은 피서를 가지만 나는 열 살 때부터 의무적으로 산을 헤집고 다니며 벌초를 했다. 사방에 흩어져 있는 산소를 벌초하다 보면 숨이 턱턱 막혔다. 땡볕에 묘소를 찾아다니며 벌초하다가 벌한테 쏘인 적도 여러 번이고, 낫에 손을 베이는 일은 부지기수였다. 제일 힘든 건 땀이었다. 풀을 베다 보면 비지땀이 나곤 하는데 그 땀이 눈으로 들어가면 풀 벤 손으로 비비지도 못하고 소매로 닦아도 금세 땀이 맺혀 눈으로 들어가 닦으나 마나였다. 산속에서 세수할 데도 마땅치 않고 물을 찾아 세수할 시간에 벌초를 더 한다는 욕심으로 계속하면 눈을 뜰 수 없을 정도로 따가웠다.

두 번째로 힘든 건 뱀의 공격이었다. 한창 숲이 무성한 여름날, 무릎까지 찬 풀숲을 걷다 잘못해서 뱀을 밟는 날에는 영락없이 뱀에 물린다. 내가 밟지 않는 한 먼저 공격하진 않지만 실수로 뱀 꼬리라도 밟을까 긴장을 풀지 못했다.

이렇듯 여름이면 벌초를 하고 다녔으니 선생님의 제안을 받았을 때 한없이 기뻤다. 물론 나중에 알고 보니 선생님의 배려였다. 우리 집 선산이 학교 바로 앞에 있어 벌초하는 것을 아신 담임선생님이 특별히 나를 지목해서 일을 하도록 하신 것이다. 그때는 몰랐지만 지금 돌이켜 보면 고비마다 하나님이 도우셨다는 것을 깨닫는다. 적재적소에 사람을 보내어 환경을 열어 주시는 아버지 하나님의 은혜가 참 크다.

선생님의 제안을 받고 꼴 베기 아르바이트를 가게 된 첫날이었다. 낫을 들고 선생님 댁에 들어섰는데 생각지도 못한 만남이 기다리고 있었다. 나보다 2년 후배인 선생님 딸과 마주한 것이다. 후줄근한 차림에 낫을 들고 있는 모습이 얼마나 창피한지 쥐구멍에라도 숨고 싶었다. 벌게진 얼굴로 뒤도 안 돌아보고 들로 뛰었다. 그리곤 창피한 것도 잠시, 본분에 충실했다. 그 후로도 돼지 꼴을 벨 때마다 선생님 딸하고 마주칠까 봐 마음 졸이긴 했어도 내 힘으로 학비를 마련할 수 있다는 사실에 힘든 줄 몰랐다. 자식 뒷바라지에 힘드실 어머니의 짐을 덜 수 있어서 좋았고, 더 이상 공납금 때문에 벌서고 야단맞지 않아서 좋았다. 어쨌든 돼지 꼴을 베며 땀을 흘린 덕분에 5학년 과정을 무사히 마쳤다.

어른이 되어 우연히 손에 난 상처를 세어 보니 남아 있는 흉터만 스물아홉 군데나 되었다. 벌초하다가 낫으로 베인 상처가 대부분이지만 생애 첫 아르바이트를 하면서 얻은 흉터도 군데군데 있다. 이제는 흐릿한 흔적으로만 남아 있는 상처는 아프지 않다. 다만 눈으로 보일 뿐이다.

그러고 보면 상처는 흔적이다. 과거의 자신을 떠올리는 단서가 될수도 있을 텐데 가능한 좋은 기억을 떠올리게 된다면 괜찮은 인생이라 할 수 있을 것이다. 다행히 나는 상처를 볼 때마다 여름날 뜨거운볕 아래에서 흘린 땀을 떠올린다. 이제는 서늘한 그늘에서 쉼을 누릴수 있게 된 인생에 감사하고 어린 시절 상처 곳곳에 스며든 열심히 살아온 흔적이 여전히 자랑스러운 것에 감사하다.

충성하면
열리는 길

중학교까지 어렵게 마친 나는 더 이상 상급
학교로 진학하지 못했다. 사실 꿈도 꾸지 않았다. 장남으로 해야 할
몫이 있음을 알았기에 고등학교 진학은 꿈도 못 꾼 채 외가로 갔다.
농사를 많이 짓는 외할아버지를 도와드리면서 농사일을 배울 요량으
로 간 것이다. 6개월간 외가에 머물며 농사짓는 일과 흙을 쪄서 흙집
짓는 기술을 배워 집으로 돌아왔다.

배운 만큼 자신감도 느끼는지, 6개월간 받은 교육을 바탕으로 의욕
에 넘쳐 보리밭을 갈았다. 마침 가을철이라 집집마다 보리를 심을 때
였다. 퇴비를 섞어 쇠스랑으로 밭을 평평하게 고른 다음 쟁기로 골을
만들어 두둑을 치고 보리 씨를 뿌렸다. 산에 있는 밭이라 오르내리기

힘들었지만 우리 집 농사라는 생각에 힘든 줄 몰랐다.

그러다 이듬해 초봄이 되었다. 그날도 보리밭에 거름을 주려고 똥지게를 지고 밭으로 갔다. 당시 밭이 음지에 있었는데 이른 봄이라 한쪽은 눈이 녹고 한쪽은 잔설이 남아 있었다. 난생처음 똥지게를 지고 산에 오르자니 어설프기 짝이 없는 데다 잔설 때문에 미끄러워 발을 떼기가 어려웠다. 걸음을 옮길수록 미끄러운 쪽으로 지게가 점점 기울었다.

"어어어!" 순식간에 중심을 잃고 넘어지고 말았다. 힘 있는 어른 같으면 중심을 잡았으련만 중심 잡을 힘도 없고 지게 지는 요령도 없어서 자빠지고 만 것이다. 하지만 더 큰일은 그게 아니었다. 얼마나 심하게 넘어졌는지 거름통 마개가 툭 빠져나와 똥거름이 나를 덮쳤다.

아뿔싸! 순간 역한 냄새와 함께 똥거름이 온몸에 흘렀다. 낭패감보다 창피함이 앞섰다. 혹시 누가 나를 보기라도 했으면 어떡하나 싶어 사방을 두리번거렸다. 다행히 아무도 없음을 확인하곤 집으로 부리나케 뛰었다.

집에 와서 몰골을 보니 머리끝부터 발끝까지 똥물로 완전 뒤범벅이었다. 부엌으로 들어가 솥에 있는 물로 씻고 마당으로 나와 펌프 물로 씻고 또 씻어 냈다. 아직은 추워서 물이 찬데도 찬물 더운물 가릴 때가 아니었다. 혹시 어머니가 아실까 후닥닥 옷을 빨아 널곤 아무 일 없었다는 듯 다시 산으로 가서 거름을 풀었다. 일을 마치고 돌아왔을 때 어머니는 내게서 폴폴 풍기는 역한 냄새로 무슨 일이 일어났는지

짐작하셨겠지만 묻지 않으셨다. 숨긴다고 숨겨지는 게 아닐 텐데 나도 입을 꼭 닫았다.

솔직히 말해 창피함도 있었지만 자존심이 무척 상했다. 고등학교에 진학하지 못한 것도 부끄러운데 똥벼락까지 맞는 처지라니 스스로가 너무 딱했던 것이다. 딴에는 농사를 짓고 있지만 학생처럼 보이고 싶어 머리도 짧게 자르고 다니며 학교 갈 날만 고대했는데 그 기대감마저 무너진 기분이랄까.

하지만 똥벼락은 똥벼락이고, 이내 마음을 다잡았다. 지금은 비록 농사를 짓지만 언젠가는 반드시 공부를 하리라 다짐했다. 과연 하늘은 스스로 돕는 자를 돕는다더니, 그해 여름에 기적 같은 일이 벌어졌다.

우리 고향 마을에 서울로 올라간 고향 선배가 내려온다는 소식이 전해졌다. 서울에 올라가 자리를 잡은 그 선배는 같이 일할 사람을 찾는 중이었다. 이에 소문이 삽시간에 마을에 퍼졌고 그를 따라 서울로 올라가려는 친구들이 벌떼처럼 몰려들었다. 아버지의 힘을 빌려 선배의 마음을 사려는 사람, 친인척을 내세워 기회를 얻으려는 사람, 무조건 데려가 달라고 떼를 쓰는 사람 등 그의 마음을 얻으려 안간힘을 썼다. 아버지도, 그렇다고 인맥이 있지도 않았던 나는 그저 부럽게 쳐다볼 수밖에 없었기에 일찌감치 포기를 하게 되었다.

그런데 생각지도 않게 기회가 왔다. 막상 고향으로 내려와 보니 너무 많은 사람이 부탁을 해 와서 난감했던 선배에게 마을 어른들이 이럴 거면 아예 회의를 열어 적임자를 선출하자고 의견을 낸 것이다. 결국 회의가 열리고 어른들이 누가 가장 적임자인지 의견을 모으다 보니 이 사람 저 사람 떨어져 나가고 애비 없는 호래자식 소리 안 들으려 꾸중을 달게 들어 온 내가 뽑힌 것이다.

"성실한 걸로 치면 성규 따라올 사람 없지."

버릇없다는 소리 듣지 않으려 열 번 만나면 열 번 인사하고, 어른들 틈에서 가마니를 지고 30리 길을 걸어 장에 내다 팔고, 작은 손으로 서른다섯 기가 되는 산소를 혼자 벌초한 나를 선택해 주신 것이다. 과연 어른 말 들으면 자다가도 떡이 생긴다는 어머니 말씀이 맞았다.

태양이 뜨겁게 내리쬐는 1958년 8월 4일, 꿈에 그리던 상경이 이루어졌다. 서울로 올라가게 되었을 때 어머니는 600환을 손에 쥐어 주셨다. 기차비 550환을 내면 50환만 남는 적은 돈이었지만 이것도 근근이 모으셨다는 것을 모르지 않았기에 눈물 나게 감사했다.

지금도 그때 서울에 가기로 내정되었던 사람은 서울로 올라가지 못한 것을 억울해하지만 결론부터 말하자면 서울살이는 결코 녹록치 않았다. 물론 그때는 생각지도 않은 기회가 와서 세상을 얻은 기분이었지만 막상 올라와 본 서울에서의 삶은 예상과는 달랐다.

선배를 따라 기차를 타고 서울 청량리역에 내려 도착한 곳은 산비탈 정상에 있는 무허가 판잣집이었다. 윗방은 공장이었고 아랫방은 사장님 부부와 세 자녀가 쓰는 판잣집이었다. 이것이 처음 맞닥뜨린 서울의 모습이다. 서울이라면 으리으리할 줄 알았는데 서울의 판자촌은 오히려 고향만도 못했다. 골목길에는 개똥과 쓰레기가 나뒹굴고 골목에서 노는 아이들 얼굴은 먼지와 검정으로 더러웠다. 번듯한 공장에 취직하는 걸로 알고 왔는데 판잣집에서 먹고 자며 일해야 한다니 여간 실망스러운 게 아니었다. 내가 일할 곳은 무허가 화장품을 제조하는 가내수공업 공장이었다.

"나는 공장 사장이고, 집사람은 영업 부장이야. 최 군은 오늘부터 공장장을 맡아 주게."

선배이자 사장님의 말에 따라 가자마자 직원 한 명 없는 공장장이 되었다. 그때는 무허가 공장이 무얼 뜻하는지도 몰랐다. 제조법을 위반하고 상표법을 위반하는지도 모르고 시키면 시키는 대로 일했다. 밤낮 안 가리고 열심히 일했지만 월급은 한 푼도 없었다. 대신 나중에 공부시켜 주고 결혼할 때 집을 사 준다는 조건이었다.

'그래, 열심히 일하면 공부도 시켜 준다니 이게 어딘가' 하며 스스로 위안 삼아 밤낮없이 일했다. 서울 생활에서 제일 힘든 건 음식이 입에 맞지 않는 것이었다. 쌀밥을 먹을 수 있는 건 좋았지만 생전 입에 대 보지 않던 단무지 먹는 게 고역이었다. 달착지근한 맛이 역겨워 물을 말아 맨밥을 먹을라치면 수돗물에서 소독 냄새가 진동해 그러지도 못했다. 몸이 고단한 것도 문제였지만 음식이 안 맞아 정말 견디기 힘들었다. 차라리 고향에 가서 농사를 짓는 편이 낫겠다 싶은 생각이 불쑥불쑥 들었지만 서울 가서 일도 하고 공부도 하겠거니 생각하실 어머니를 실망시켜 드릴 수가 없었다.

집에 돌아가고 싶을 때마다 중학교 졸업식 날 서병국 담임선생님이 말씀해 주셨던 열 번 참으라는 '십인'(十忍)을 기억해 내곤 '그래, 열 번만 참자, 열 번만 더 참아 보자' 하며 스스로를 다독였다. 어머니의 편지도 서울 생활을 견디게 해 주는 힘이었다. 글을 제대로 배우지 못해서 나 외에는 아무도 그 뜻을 알지 못하는 편지를 보내셨는데, 삐뚤빼뚤한 글씨로 고향 소식과 객지에 있는 자식 걱정을 담은 어머니의 편지가 서울 생활을 버티게 하는 이유였다. 어머니의 걱정을 덜어 드리기 위해서라도 약해지면 안 되었다.

그러는 사이 공장은 빠르게 성장해 종업원이 300명으로 늘었고 정식으로 화장품 제조 공장 허가를 내서 공장 등록까지 마쳤다. 사장님은 "최 군 들어오고 나서 우리 공장이 잘된다"며 좋아하셨다. 회사 설립 초기부터 기술과 공장 관리, 판매와 물품 관리 등 내 손이 미치지 않은 곳이 없을 정도로 1인 다역을 한 결과라 내심 뿌듯했다. 그럼에도 여전히 난 월급 없는 공장장이었다.

처음으로 경험한 서울살이는 화려하지도, 편안하지도 않았다. 인풋 없이 아웃풋만 있는 부당한 시간이라고 생각할 수도 있지만 나는 그렇게 생각하지 않았다. 월급도 못 받으며 일했지만 오히려 대가 없이 일하면서 일에 충실할 때 얻는 성취감과 주인 의식을 오롯이 배우고 느낄 수 있는 시간이었다고 생각한다. 이후 계속되는 공장 생활에서의 훈련은 계속되었지만 그래도 성공에 대한 야망보다 충성하는 태도를 배우게 된 그 시간을 감사히 여긴다. 성공만 하려고 하면 실패하지만 충성하면 성공한다.

광야는
하나님의
훈련장이다

무더위가 기승을 부리던 여름날이었다. 휴일을 맞아 인천에 사시는 작은아버지 댁에 놀러 가 오랜만에 휴일다운 휴일을 즐기고 해거름에 서울행 버스를 탔다. 앉을 자리가 없어서 선 채로 출발하기를 기다리는데 배차 시간을 조절하느라 그러는지 좀처럼 움직이지 않았다. 냉방도 안 되는 버스에 갇혀 아스팔트에서 뿜어 대는 열기를 받고 서 있자니 숨이 턱턱 막히는 것 같았다. 팔을 차창 밖으로 내놓고 있으면 조금 나을까 싶어 한쪽 손을 창밖으로 내밀고 버스가 출발하기를 기다렸다. 한참이 지나서야 버스는 정류장을 미끄러지듯 서서히 빠져나갔다. 바로 그때 누군가가 밖으로 내민 손에 차고 있던 손목시계를 홱 낚아챘다.

순간적으로 일어난 일이라 "억!" 소리도 못 내고 꼼짝없이 당했다. 이루 말할 수 없이 속상했다. 더구나 그 시계는 사장님이 어렵게 사주신 케이스갈이 시계였다. 이만저만 걱정되는 게 아니었다. 그날은 말도 못하고 그냥 잤는데 다음 날 허전한 손목을 보시더니 대뜸 물으셨다.

"시계 어디 있어?"

"그, 그게 누가 시계를 채 갔습니다."

얼굴이 발갛게 상기되어 우물쭈물하다 어제 있었던 일을 말씀드렸는데 사장님은 내가 작은아버지에게 주고 와선 둘러댄다고 생각하는 듯했다. 의심하는 눈치가 빤히 보이는데 사실을 증명할 길 없어 답답하고 속상했다.

의심을 받는 건 정말이지 괴로운 일이다. 의심(疑心)에서 의심할 '의'(疑)의 파자(破字)는 칼 '도'(刀)와 화살 '시'(矢) 그리고 발 '족'(足)으로 구성되어 있다. 화살과 칼이 발에 꽂히는 고통이 수반되는 게 의심인 것이다. 그때 심정이 그랬다. 날카로운 칼과 뾰족한 화살 끝으로 발을 후벼 파듯 고통스러웠다. 게다가 이번 일이 처음이 아니라서 더욱 그랬다.

처음 의심을 받은 건 공장이 성장세를 타고 바삐 돌아가던 때였다. 자전거에 화장품을 싣고 납품하러 가다 경찰의 불심검문에 걸렸다. 아직 정식으로 공장 허가를 받지 않은 때라 자전거 짐칸에 실린 화장품이 발각되면 공장을 닫아야 할 정도로 위급한 상황이었다. 만약 경찰을 대동하여 공장에 가거나 사업주한테 가면 자재와 제품 몰수는 기정사실이며 사업주도 위험에 처할 수 있는 상황이었다.

다급해진 나는 납품할 물건을 포기하기로 결정했다. 물건을 빼앗기는 편이 공장 문을 닫는 것보다 낫다고 판단해서다. 경찰한테 적당한 말로 얼버무려 물건만 빼앗기고 공장으로 돌아왔는데 사장님은 내 말을 믿는 눈치가 아니었다. 다른 데 물건을 팔아먹고 온 것으로 의심했다. 말은 그렇게 안 하지만 나를 대하는 태도나 표정에서 의심의 눈빛을 읽을 수 있었다. 나름대로 회사와 사업주를 살리기 위해 최선을 다했는데 진심이 통하지 않아서 서글펐다. 평소 나의 근무 태도나 생활 태도를 누구보다 지근거리에서 지켜본 분이기에 더욱 야속했다. 서울 생활이 외로워지는 순간이었다.

이렇게 한 번 의심을 받은 뒤에 벌어진 시계 사건이라 마음이 더욱 힘들었다. 일단 의심을 받게 되면 운신의 폭이 좁아진다. 정당한 행동도 의심이라는 부정적인 틀을 통과한 후 받아들여지고, 의심을 뒷받침해 주는 행동은 의심을 증폭시키기 때문에 행동에 제약이 따른다. 그때까지 회사에선 옷이 필요하면 옷을 사 주고, 신발이 필요하면 신발을 사 주는 식으로 월급을 대신했다. 그렇기에 시계가 필요해서 그걸 차고 가서 임의로 작은아버지에게 빼 주고 온 줄로 의심했다.

그날 판자촌 언덕배기에 올라 저무는 해를 마주하고 고향 쪽 하늘을 올려다봤다. 어머니라면 내 말을 믿어 주셨을 텐데, 아니 시계를 잃어버리고 물건을 빼앗긴 내 마음을 어루만져 주셨을 것이다. 평소 사장님이 입버릇처럼 하셨던, 내가 들어와서 공장이 잘된다던 칭찬이 결정적인 순간에 위력을 발휘하지 못한다는 사실에 서글펐다.

아무 연고도 없는 타국에서 누명으로 감옥까지 간 요셉의 심경이 이랬을까? 당시에는 몰랐으나 예수를 믿은 뒤 요셉의 억울한 심정을 누구보다 공감하게 되었다. 하지만 공감에서 그치지 않고 그의 종살이와 옥살이가 훈련의 과정임도 알게 되었다.

요셉은 13년 모진 고난을 한마음으로 인내하며 한결같이 신실했다. 사람의 눈에는 요셉이 암울한 청소년기와 청년기를 보낸 것 같아 보이지만 그 시기는 광야 훈련기에 해당한다. 타국의 총리대신으로 쓰기 위한 하나님의 훈련이며, 요셉을 통해 이집트 고센 땅으로 이스라엘을 이주시키기 위한 하나님의 계획이었다. 요셉이 자신을 종으로 팔아넘긴 형들을 만났을 때의 고백을 들어보면 알 수 있다.

"그런즉 나를 이리로 보낸 이는 당신들이 아니요 하나님이시라 하나님이 나를 바로에게 아버지로 삼으시고 그 온 집의 주로 삼으시며 애굽 온 땅의 통치자로 삼으셨나이다"(창 45:8).

요셉이 야곱의 품에 있었다면 채색옷을 입고 형들의 과실을 고자질하는 왕따에서 벗어나지 못했을 것이다. 정직하지만 사려 깊지 못한 요셉이 13년간의 훈련을 통과하며 사려 깊은 사람으로, 용서의 리더로 변화되었다.

나 역시 중간에 공백기는 있었지만 열여덟 살부터 서른한 살까지 사장님을 모신 13년은 훈련기에 해당한다. 열악한 환경에서 인내하는 법을 배웠고, 온 마음을 다해 충성하는 법을 배웠다. 그러고 보면 하나님은 어떠한 환경에도 흔들리지 않고 죽도록 충성하는 목회자로 나를 다듬기 위해 사장님을 사용하신 듯하다. 의심을 받으면서도 회사와 사장님을 위해 충성한 자세는 훗날 하나님과 멘토이신 조용기 목사님을 대하는 자세로 고스란히 이어졌다. 나중에 목회자가 되고 처음으로 고백한 말이 "죽기까지 충성하겠습니다"였으니 하나님의 섭리인 것이 분명하다.

또 하나, 13년의 공장 생활을 통해 경험하게 하신 두 번의 의심 사건은 남을 함부로 의심하지 않는 인성을 갖도록 해 주신 듯하다. 안타깝게도 수년간 한솥밥을 먹으며 가장 가까운 자리에서 함께 일했던 그 사장님은 번번이 색안경을 끼고 나를 지켜보셨다. 물론 두 번의 사건이 있고 나는 전보다 신중해졌으며 어떤 의심스런 상황일지언정 눈으로 직접 보기 전에는 남을 함부로 의심하지 않는 마음을 갖게 되었다. 사장님이 광야 훈련의 반면교사가 된 셈이니 기꺼이 감사하다.

사람은 자신을 믿어 주는 사람을 위해 일한다. 하나님께 선택된 백성이 하나님을 위해 충성을 다해 믿음을 바치는 이유이기도 하다.

고생을
담보한
삶의 가치

서울에 올라와 밤낮없이 공장 일에 매달리면서 틈틈이 공부할 기회를 엿보았지만 상경한 지 2년이 지나도록 기회가 주어지지 않았다. 쉬는 날이 없는 데다가 밤늦도록 공장에서 일하는 날이 많다 보니 공부할 환경이 열리지 않았는데, 이러다 영영 고등학교 진학을 못하면 어쩌나 싶어 벽에 걸어 둔 교복을 매일 바라보며 학교 갈 날만 학수고대했다.

그러다 2년쯤 지난 뒤 결단을 내렸다. 용문고등학교 편입 시험을 치르고 2학년 2학기부터 야간 수업을 받으며 1년 반 만에 졸업하고 대입 시험에도 합격했다. 대학 합격이라니 뛸 듯이 기뻤지만 사장님은 1년만 미뤘다가 가라며 그땐 집까지 사 주겠다는 말로 등록을 포기시켰다. 그 말만 믿고 다시 1년 뒤 시험을 봐서 명지대학교 경영학과에 합격했다. 그런데 이번에도 사장님은 등록금은커녕 미루라는 말을 하셨다.

내 나이 스물셋, 회사는 비약적인 성장을 하고 있었고 나는 기로에 섰다. 그간 월급이라도 받았다면 등록금을 해결했을 텐데 계속 이뤄지지 않는 약속만 믿고 있을 것인가, 초조했다. 가진 게 없어서 이러지도 저러지도 못하고 끙끙거리는 모습을 곁에서 지켜본 연세 지긋하신 공경택 영업 부장님이 내게 물으셨다.

"최 군, 그렇게 대학에 가고 싶어?"

"네, 부장님 가고 싶습니다."

눈물까지 그렁거리며 말씀드리니 더 이상 묻지 않고 선뜻 등록금을 건네셨다. 마치 아버지와도 같은 부장님의 마음이 눈물 나게 고마웠다. 대학에 다닐 수 있게 되다니 세상을 얻은 것 같았다.

그런데 그 기쁨은 오래가지 못했다. 주경야독한 지 한 달 만에 대학 입학한 일이 사장님 귀에 들어간 것이다. 대학을 핑계로 공장 일을 소홀히 한 것도 아니고, 등록금도 사장님께 손 내밀지 않고 해결했으니 대견해하실 줄 알았는데 착각이었다.

어느 날, 사장님은 술에 만취해 들어와서는 내 책과 노트를 모두 찢더니 2층에 있는 재래식 화장실에 던져 버렸다. 자기를 속였다는 이유였다. 그 행위를 보고 말문이 막혀 버린 나는 절망감을 안고 공장을 뛰쳐나왔다. 수중에는 아무것도 없었다. 볼펜 한 자루, 겉옷도 입지 않은 그대로 뛰쳐나왔다. 이 일로 인해 몸도 마음도 병이 들었다.

갈 곳이 없던 나는 친구 자취방으로 향했다. 자신도 넉넉지 않아 동생과 함께 살며 방세도 못 내는 형편이지만 오갈 데 없는 나를 선뜻 불러 준 친구 운기가 고마웠다. 물론 빈손으로 나온 날부터 고생 시작이었다. 아침은 거의 굶다시피 하고, 혹시 먹을 수 있게 되면 간장에 비벼 먹었다. 점심은 건너뛰고 저녁은 붕어빵을 사 먹거나 거리에서 파는 사과 한두 개로 때웠다. 그마저도 배불리 먹지 못하니 항상 배가 고팠다. 어쩌다 아르바이트를 하게 되면 할머니 우동 집에서 우동을 사 먹었는데 그런 날은 호사를 누리는 날이었다.

곤궁했던 이야기를 하나 더하자면, 하루는 친구 동생이 아침을 차리면서 바닥을 드러낸 간장독에서 간장을 뜨는데 뭔가 묵직한 게 대접에 걸리더란다. 꺼내 보니 팔뚝만 한 쥐였다. 쥐가 빠져 죽은 줄도 모르고 우리 셋은 간장 한 항아리를 싹싹 비운 것이다. 간장을 마지막으로 뜨며 쥐를 건져 낸 그날도 우리는 그 간장에 밥을 비벼 먹었다. 굶기를 밥 먹듯이 하던 때라 쥐가 빠진 것쯤은 문제도 아니었다.

그렇게 몇 년을 부실하게 먹으며 살다 보니 몸이 극도로 쇠약해졌다. 결국 졸업 시험을 보는 날 사달이 났다. 도서관에서 공부를 하는데 머리가 핑 돌면서 어지러웠다. 좀처럼 어지럼이 가라앉지 않아 시험장에도 못 들어가고 집으로 가는 버스에 올랐다. 그러고 나서 정류장에 내린 것까진 기억을 하는데, 정신을 차리고 보니 정류장 근처 병원에 누워 있었다. 간호사 말에 따르면 버스에서 내려 기절을 했다고 한다.

검사 결과, 폐병이었다. 막막하고 두려웠다. 앞길이 창창한데 이렇게 주저앉는 건 아닌가 두려웠다. 당시 폐병은 치료가 어렵던 시절이라 덜컥 겁이 났던 것이다. 하지만 천만다행으로 하나님은 내 곁에 사람을 두셨다. 지금의 아내를 만나고 있었던 것이다.

귀염둥이 막내딸로 자란 아내는 구김살이 없고 매사에 적극적인 같은 과 후배였다. 아내는 과 대표와 앨범위원장으로 활동하는 나를 눈여겨보다가 자기 친구를 시켜서 나의 의중을 떠보았는데 그때 직감적으로 친구를 보낸 사람이 아내라는 걸 알았다. 대화 한 번 나눈 적 없는 사이였는데 어떻게 알아차렸는지 모르겠다.

아내는 화목한 가정에서 부모님과 형제들의 사랑을 듬뿍 받고 자랐을 뿐 아니라 학교에서도 선생님의 특별한 사랑을 받았다. 사랑을 많이 받은 덕분인지 당시 여자들답지 않게 밝고 긍정적이고 당당했다. 지금이야 여자들이 먼저 사랑을 고백하는 일이 흔하지만 당시에는 좀처럼 보기 드문 일이었는데 아내가 그랬다. 무엇보다 그 점이 마음에 들었다. 결국 정식으로 교제를 시작하기 전 아내를 불러 학교 근처 다방에서 다짐을 받았다.

"나는 가난한 집안의 장남인데 괜찮겠어? 나랑 만나면 결혼해야 되고, 결혼하면 고생할 텐데, 그래도 괜찮아?"

아내는 말없이 끄덕였다. 그렇게 교제를 막 시작할 무렵 폐병으로 쓰러진 것이다. 곁에 기댈 수 있는 누군가가 있다는 건 큰 위로였다.

삶의 무게와 질병의 무게가 절반으로 줄어들었달까. 가끔 깜짝 도시락을 싸 와 나를 기쁘게 해 주고 따뜻한 말로 힘을 실어 주는 그녀를 위해서라도 신경 써서 약을 먹었다. 그 덕에 1년 만에 폐병이 깨끗이 치료되었다.

스물여덟에 스물넷 아내와 결혼식을 올렸다. 졸업 무렵에 다녔던 공장을 다시 나가게 되면서 일은 하고 있었지만 여전히 곤궁했다. 결혼하면서 만년필 하나, 반지 하나도 주고받지 못하는 대신 가진 돈을 모아 효창동에 헌 집을 사서 3개월간 직접 수리해 보금자리를 마련했다. 벽지를 바르고, 페인트를 칠하고, 아귀가 맞지 않는 방문을 고치고, 전등을 갈아 끼우며 즐겁게 새 단장을 했다. 우리의 손길을 거쳐 조금씩 변하는 집을 바라볼 때면 하루의 피로가 말끔히 풀리곤 했다. 열여덟 살에 상경해서 갖은 고생 끝에 10년 만에 마련한 집을 포근하고 행복한 가정으로 만들겠다고 다짐했다. 그러기 위해선 열심히 사는 게 최선이었다.

전쟁으로 아버지를 잃고 열 살 때부터 가장 노릇을 한 나는 책임감의 무게에 눌려 있었다. 마음 놓고 보리개떡 한 번 편히 먹어 본 적이 없지만 가족만큼은 배불리 먹이고 싶었다. 그래서 오로지 일에만 매달리며 열심히 뛰었다. 그런 나를 곁에서 보살펴 준 가족인 아내가 있었기에 마음 놓고 뛸 수 있었다고 생각한다.

지금까지도 우리 부부는 나름의 애정 표현을 하는데, 나는 수시로 아내에게 전화를 걸어 하루 일과를 전하고 아내는 정성을 다해 새벽

식사를 준비한다. 지극히 평범한 가정의 모습이지만 의미가 더해지면 가치가 빛난다. 가장 어렵고 힘들고 고단했던 시절을 함께해 온 동지이자 사랑이라는 이름으로 메마른 삶에 윤기를 더해 준 사랑하는 이와 함께 건넌 고난의 시간은 그래서 더욱 가치 있다. 물론 하나님을 만났기에 이 모든 과정이 행복임을 알게 되었으니 모든 것이 하나님의 은혜다.

'되어지도록'
이끄시는
하나님

"최 군, 회사에 다시 나와 줄 수 없겠나?"

대학을 졸업할 무렵, 전에 일하던 화장품 공장 사장님으로부터 다시 와 달라는 부탁을 받았다. 젊은 날의 열정을 고스란히 바치고도 빈털터리로 나온 게 억울하기도 했지만, 나의 손때와 흔적을 구석구석 남기며 구슬땀을 흘려 일군 곳이라 외면할 수 없었다.

그렇게 다시 돌아간 회사에서 일에 파묻혀 몇 년을 일했다. 그러는 사이에 가정도 꾸리게 되어 더욱 일에 매진했는데 어느 날부터인가 사장님이 회사 운영을 나에게 맡기다시피 하고 다른 사업에 손을 대기 시작했다. 하지만 무리하게 투자한 나염 공장으로 인해 잘나가던 화장품 공장마저 자금 압박에 시달리다가 부도가 났다. 결국 회사는 다른 사람에게 인수되고 사장님이 떠나게 되었는데, 나는 내심 그동 안 받지 못한 급여를 정산해 주거나 집을 사 주겠거니 기대했다. 당시 에 100만 원이면 작은 집을 한 채 살 수 있었는데 그분은 집은커녕 밀 린 급여도 정산해 주지 않고 회사를 떠났다. 열여덟 살부터 서른한 살 까지 용돈 정도만 받으며 충성한 셈이다. 고등학교를 다니던 1년 반 동안 학비를 대 준 게 전부였을 뿐 집 사 준다는 약속, 공부시켜 준다 는 약속은 공수표였다.

또다시 큰 상처가 밀려왔다. 13년간 죽어라 일하고 돌아온 건 실망 과 아픔뿐이었다. 하나님은 이 일을 통해 상처받은 나를 그냥 두지 않 으셨고 훗날 다른 사람을 통해 보상받게 하셨지만, 그때는 그저 사람 을 끝까지 믿는다는 것이 그만큼 어렵고 말뿐인 약속은 헛것이며, 사 람은 그만큼 연약한 존재라는 것을 뼈저리게 느꼈다.

회사가 다른 사람의 손에 넘어갔지만 나는 젊음을 바친 회사를 떠 날 수 없어 머물렀다. 그러나 경영자가 바뀐 회사 역시 무리한 확장으 로 어마어마한 부채를 남긴 채 또다시 부도가 났다. 이젠 누구도 회사 를 맡으려 하지 않았다. '어쩌지? 이제 어쩐담?'

언제부터인지 이 회사를 맡을 사람은 나밖에 없다는 알 수 없는 사 명감이 들었다. 좋게 말하면 회사에 남다른 애정이 있었다는 의미일 테고 나쁘게 말하면 무모했다. 결국 모든 부채를 떠안고 빈껍데기와 도 같은 회사를 인수했다. 자금이 동결되고 공장 허가가 취소될 정도 로 어려운데도 앞뒤 분간하지 않고 회사를 떠안은 것이다.

판자촌 무허가 공장 시절부터 몸담은 회사를 어떻게 해서든 살려내고 싶었기에 회사 일이 없으면 죽은 몸이나 다름없다 싶을 만큼 일에 미쳐 지냈다. 사채 동결 신고를 했으면 나았을 텐데 주변의 만류로 동결 신고를 하지 않아 이루 말할 수 없는 자금의 어려움을 겪었다. 하는 수 없이 결혼할 때 마련한 효창동 집을 팔고 전세로 옮겨 앉았다. 작은 집, 더 작은 집으로 전전하다가 급기야 큰아이 용호와 작은아이 용석이를 데리고 처가로 들어갔다. 2년이 지나는 사이 빚이 산더미처럼 불어났다.

모든 일이 계획한 대로 되지 않았다. 열심히 일하고 성실히 살아도 보상이 따르지 않았다. 나는 의욕만 넘치고 애정만 넘치는 사장이었지 이윤을 좇는 기업인이나 장사꾼은 아니었던 것 같다. 그토록 원하던 빚 청산은 고사하고 현실은 정반대로만 흘러갔다. 아무리 발버둥을 쳐도 안 되는 게 있었다. 인생은 내 계획대로 '되는' 게 아니라, 하나님의 섭리대로 '되어지는' 것을 그때는 알지 못했다. 인생에 하나님을 포함시킨 적이 단 한 번도 없었기 때문이다. 하지만 그럼에도 하나님은 내 삶에 개입하셔서 하나님 뜻에 따라 '되어지도록' 역사해 나가셨다.

그날도 여전히 힘든 일정을 마치고 돌아왔다. 일주일간 지방 출장을 다녀온 끝이라 피곤에 절어 처가댁으로 들어갔는데, 아내가 보이지 않았다. 장모님에게 어떻게 된 일인지 물으니 장모님은 한심한 눈으로 쳐다보기만 하셨다. 이유를 몰라 재차 물으니 그제서야 이러신다.

"이 사람아, 애 낳으러 가지 않았나."

그제야 아내의 출산일이 가까웠다는 것을 기억해 냈다. 망치로 머리를 한 대 얻어맞은 듯했다. 일에 미쳐 지내는 내가 한심하게 느껴졌다. 돈이 없어 병원에도 못 가고 조산원에서 몸을 푼 아내에게 부랴부랴 달려갔다. 아내는 내가 그렇게 기다리던 딸을 하루 전에 낳고 나를 기다리고 있었다.

셋째를 낳은 아내의 얼굴을 보는 순간 뜨거운 것이 밑에서 올라왔다. 가슴이 미어졌다. 너무 부끄럽고 미안해서 얼굴을 똑바로 볼 수조차 없었다. '곁눈질 한 번 안 하고 앞만 보고 숨 가쁘게 달려온 결과가 이것인가' 하는 회의와 자괴감이 물밀듯 밀려왔다.

'내가 원한 건 이게 아닌데, 이렇게 살려고 고생하며 가족을 나 몰라라 한 게 아닌데….' 혼란스러웠다. 열심히 노력하면 뭐든 이룰 줄 알고 끊임없이 스스로를 채찍질하며 달리고 또 달렸건만 나아진 게 없었다. '앞으로 어떻게 살 것인가' 하는 깊은 고민에 빠지기 시작했다. 그런데 생각할수록 앞날에 대한 확신이 서지 않았다. 나는 한계에 직면했다.

'아, 사람의 힘으로는 안 되는구나.' 순간 나의 한계가 인정되면서 인간의 한계를 초월한 신을 믿고 싶었다. 어떤 신을 믿어야 하나 고민하며 그날 밤새 뒤척이다가 새벽에 눈을 떴다. 1973년 1월 15일 주일 새벽이었다. 아직 마음의 결정을 내리지 못한 상황에서 불현듯 한 장소가 떠올랐다. 언젠가 영업 부장과 함께 서대문 사거리의 어느 교회

앞을 지나게 되었는데 많은 무리의 사람이 보였다. 사람이 워낙 많길 래 잠깐 사람 구경이나 할까 차에서 내리려고 하니 영업 부장이 그런 데 가면 큰일 난다며 부득불 말렸다. 그런 데(?) 빠져 회사 일에 소홀 해져선 안 된다는 거였다. 나중에 알고 보니 영업 부장이 불교 신자여 서 의도적으로 막은 거였다.

그날 새벽 그 서대문 사거리에 있던 교회가 떠올랐다. 왜 그렇게 많은 사람이 교회 앞에 있었는지 궁금한 생각이 들어 여의도순복음 교회의 전신인 서대문에 있던 순복음중앙교회로 향했다. 교회 앞은 인산인해였다.

태어나 처음으로 가 보는 예배당, 난생처음 드리는 예배에서 경상 도 사투리로 속사포처럼 쏘아 대는 조용기 목사님의 설교에 빨려 들 었다. 마치 내 사정과 심정을 꿰뚫어 보기라도 한 듯 한 말씀, 한 말씀 이 나를 요동치게 만들었다. 놀라움과 경이로움, 벅차오르는 감동으 로 가슴이 뜨거워졌다. 정말이지 낯선 경험이었다. 그리곤 정체 모를 뜨거운 감정이 나를 예배의 자리에 붙들어 맸다. 그 자리에서 또 두 번째 예배를 드리게 되었을 때 성령의 강한 역사가 일어났다. 강력한 회개가 일어난 것이다. 부끄러운 줄도 모르고 눈물, 콧물 흘리며 불신 앙을 회개했다. 온몸이 붕붕 뜨는 기분으로 두 번째 예배를 마치고 나 오는데 차 안에서도 벅찬 감격은 수그러들지 않았다.

나에게 하나님 아버지가 생기다니, 그 사실이 얼마나 감사한지 하 염없이 눈물이 흘렀다. 어려서부터 아버지 있는 친구들을 제일 부러

위했던 나에게, 아버지라 부를 수 있는 하나님이 생겼다. 예수를 믿고 나니 전지전능하고 사랑 많으신 창조주 하나님이 나의 아버지가 되신 것이다. 그동안 아버지를 부르지 못한 서러움과 아버지에 대한 그리움을 토해 내기라도 하듯 아버지를 연신 불렀다. 지금도 하나님을 부를 때 단순히 "하나님"이라 부르지 않고 꼭 "하나님 아버지"라 부르는 이유도 그 때문이다.

집으로 돌아와 이제부터 내 인생을 예수님께 맡기겠다고 아내에게 선언했다. 교회도 착실히 잘 다니고 하나님을 잘 섬기겠다고 말하니 아내가 훌쩍훌쩍 울기 시작했다. 알고 보니 놀라운 비밀이 하나 있었는데, 아내는 6개월 동안 기도하던 중이었다고 한다. 결혼 전부터 성당을 다녔지만 결혼 후 신앙과 멀어진 아내는 어려워진 결혼 생활을 두고 기도하게 되었단다. 사업은 사업대로 어렵지, 남편은 사업에 미쳐 밖으로만 돌지, 이대로는 안 되겠다 싶어 6개월의 기간을 두고 기도했는데, 마지막 날에 내가 회심한 것이다. 우리 가정을 향한 하나님의 긍휼하심에 또 한 번 감사했다.

성령의 불을 받은 나는 곧바로 시골로 내려갔다. 어머니와 동생을 전도하기 위해서다. 어머니를 전도하는 것이 내가 할 수 있는 효도 중 가장 큰 효도이며 동생을 전도하는 일 역시 내가 동생에게 해 줄 수 있는 가장 값진 선물이라 여겨졌다.

고향집에 도착하자마자 복음을 전했다. 어머니께 아무 죄 없으신 예수님이 우리를 위해 십자가 위에서 피 흘려 돌아가셨다가 부활하신

이야기를 해 드렸다. 우리를 구원하기 위해 독생자를 보내신 하나님의 크신 사랑에 관해 말씀드렸더니 어머니가 대뜸 그러신다.

"그러면 제사는 어떡하냐."

"어머니, 제사상은 차릴 수 있지만 절을 하는 대신 추도예배를 드리면 됩니다."

그 말을 듣던 어머니는 더 이상 말씀을 안 하시더니 돌아앉아 흐느끼셨다. 고생만 하다가 돌아가신 아버지께 따뜻한 제삿밥도 못 올리게 된 게 못내 서운하신 모양이었다. 그럼에도 어머니는 자식이 가는 길을 막지 않으셨고, 아들과 같은 길을 택하셨다.

어머니께 복음을 전하다 보니 밖에서 인기척이 났다. 동생의 인기척이었다. 나는 얼른 윗방으로 가서 자는 척했고 어머니는 내가 일러둔 대로 동생을 전도하셨다. 안방과 윗방은 문 하나를 사이에 두고 있어서 말소리가 또렷이 들렸는데, 누운 채로 동생이 복음을 거부하지 않게 해 달라고 간절히 기도했다.

어머니는 동생의 밥상머리에서 열심히 전도하셨다. 그러자 놀라운 일이 벌어졌다. 잠자코 말씀을 듣던 동생이 한참 후에 "형도 예수 믿고, 어머니도 예수 믿으면 나도 믿어야지요"라고 말하는 게 아닌가.

그 말에 벌떡 일어나 문을 밀치고 들어가 밥 먹고 있는 동생을 부둥켜안고 울었다. 동생은 영문도 모른 채 나를 따라 울었다. 형제가 부둥켜안고 울자 옆에 계시던 어머니도 덩달아 우셨다. 말 한마디로 가족 전도가 쉽게 이루어지는 역사가 일어나게 하신 하나님께 정말 감사하다. 훗날 전도 중에서도 가족 전도가 가장 어려운 것을 알게 되면서 어머니와 동생이 말 한마디에 예수님을 영접하게 된 사실에 감사했다.

나 자신을 믿으며 단 한 번도 하나님의 존재를 인정하지 않던 나를 하나님의 자녀가 '되어지도록' 하셨고, 목회자를 한 번도 꿈꿔 본 적 없는 나를 목사가 '되어지도록' 하셨으며, 한 번도 인천을 목회지로 생각해 본 적 없는 나의 목회지가 인천이 '되어지도록' 하셨다. 서른한 살에 경영인의 길을 걷게 된 것도, 재정의 가시밭길을 걸어가게 하신 것도 나의 계획과는 무관한 그분의 '되어지도록' 하는 계획의 꼭 필요한 한 페이지였음을 알게 되었다.

하나님은 되어지는 역사를 통해 되어 보려고 발버둥 쳤지만 그렇게 되지 못했던 이들에게 반드시 보상도 해 주신다. 훗날 조용기 목사님을 만나 예수를 믿게 하시면서 13년 동안의 수고를 보상해 주셨다. 또한 사람에게서 받은 배신의 상처를 사랑이라는 이름으로 감싸 주셨다. 그러니 물을 주고 거름을 주면서 정성껏 키운 나무에게서 열매를 얻지 못했다고 실망할 필요는 없다. 하나님은 그 정성이 옆에 있는 나무로 흘러 들어가도록 물줄기를 바꾸시며 옆에 있는 나무에게서 열매를 거두도록 하신다. 나무는 달라도 그 심겨진 땅의 주인은 하나님 한 분이시니, 언젠가는 흘린 땀의 보상을 주인으로부터 받게 된다.

그러고 보면 빚더미 사장이 되어 사람의 힘으로 어찌해 보려던 그 시간은 사람의 시각으로 볼 땐 참 안타깝지만, 하나님의 시각으로 보면 가슴 뛰는 전초전이었다.

나를 하나님의 자녀가 '되어지도록' 하셨고,
목사가 '되어지도록' 하셨으며,
나의 목회지가 인천이 '되어지도록' 하셨다.

부르심에는
나이가
없다

　　　　　구원의 감동과 하나님 아버지를 향한 사랑
은 날이 갈수록 뜨거워졌다. 예수를 믿고 신앙생활 한다는 것이 이렇
게 기쁠 줄 몰랐다. 기도하고 예배드리는 일이 너무 즐거워 주일은 물
론 철야예배와 수요예배, 구역예배와 가정예배, 조용기 목사님의 지
방 집회까지 동행해서 말씀을 들었다.

　조용기 목사님은 예수를 구원의 주로 받아들이고 회심하는 터닝
포인트에서 잊을 수 없는 스승이자 멘토였다. 나이로는 나보다 다섯
살 위지만 훗날 뒤늦게 신학을 하게 되면서 내게는 20년 차이가 나는
대선배님이시다. 조 목사님은 내가 하나님을 믿는 데 결정적인 영향
을 미치며 하나님의 뜨거운 사랑 속으로 사정없이 몰아넣었다. 예배

때마다 그분의 말씀 하나하나가 모두 나를 향해 외치는 것 같아 벅찬 감동에 젖었다. 평신도 시절에는 아무리 바빠도 조 목사님이 말씀을 전하는 곳이면 만사를 제쳐 두고 따라다녔다. 며칠씩 걸리는 지방 집회도 개의치 않고 동행했다. 사업을 소홀히 하면서까지 하나님 말씀에 깊이 빠져 지냈다. 얼마나 하나님의 말씀을 사모했던지 녹음기를 가지고 다니며 예배를 드렸다. 예배당 맨 앞줄에 앉아 설교를 녹음해 돌아오는 차에서 듣고, 집에 가서도 들을 정도로 말씀을 사모했다. 음질이 좋건 나쁘건 심령은 나날이 새롭고 맑아졌다.

그런데 어느 날인가부터 나에게 이상한 일이 일어나기 시작했다. 하나님이 꿈을 통해 뭔가 말씀하시는 듯 조용기 목사님이 꿈에 자주 나타났다. 꿈에서 만난 목사님은 나를 향해 "최 집사, 나 좀 도와줘"라는 말씀만 하셨다. 참 희한한 일이었다. 이 꿈을 무려 2년이나 꾸었다. 잊어버릴 만하면 나타나서서 도와 달라고 하시는데 '차라리 명령하시면 순종하겠는데 왜 부탁을 하실까' 하며 고민했다.

그러던 어느 날, 그날 꿈에도 조 목사님이 나타나셔서 마지막 부탁이라며 간곡하게 도움을 청하셨다.

"최 집사, 내가 마지막으로 부탁하는 거야. 날 좀 도와줘."

"목사님, 도와 달라고 하지 마세요. 그냥 명령하시면 순종할게요."

그러나 목사님은 도와 달라고 하시며 교회 사무실로 나를 데려갔다. 그러고는 쓰레기통에 들어가기 직전의 교적카드 한 장을 보여 주며 간곡히 부탁하셨다.

"최 집사, 이것 봐. 한 영혼이 천하보다 귀한데 여기 다섯 영혼이 관리가 안 돼. 이것 좀 맡아 줘. 마지막 부탁이야."

교적카드를 자세히 보니 5인 가족의 이름이 있고 이름 앞에 모두 십자가가 그려져 있었다. 그러나 쓰레기통 옆에 있는 걸로 보아 버리기 직전의 교적카드였다. 마치 현실과도 같은 생생한 꿈속이지만 거역할 수 없는 거대한 힘이 느껴졌고, 나도 모르게 처음으로 "네, 알겠습니다"라고 대답했다. 대답이 떨어지자 경주 첨성대 같은 모양의 창고를 짓더니 그 안에 교적부를 쌓아 놓곤 문을 닫으며 꿈에서 깼다.

그때까지만 해도 첨성대를 실제로 본 적도 없고 신라의 높은 과학 수준을 보여 주는 문화재로만 알았는데 나중에 알고 보니 첨성대 내부는 통풍이 잘되어 어떤 물건이든지 쉽사리 부패되지 않는다고 한다. 아마 선택한 영혼을 살리시겠다는 하나님의 의지를 나의 대답을 통해 확인시켜 주신 건 아닐까 생각한다.

아침이 되어 꿈에서 깼는데 밥이 넘어가지 않았다. 꿈이지만 부담스러워서였다. 더구나 며칠 전 동갑내기 집사님 한 분이 부르심을 받아 신학교에 가면서 "최 집사도 하나님이 부르셨는데…"라고 한 말이 생각나 더욱 마음이 무거웠다. 그때는 그런 소리 마시라고 완강하게 거부했었는데 자꾸만 그 일이 떠올랐다. 그럼에도 하나님의 종이라니 언감생심 꿈도 꾸지 못할 일인데 2년씩이나 이런 꿈을 꾸게 하셨을까 궁금했다.

결국 아내에게 털어놓고 상의하여 신학교에 전화를 해 보았다. 마침 그날이 편입 시험 접수 마감 날이란다. '아, 신학을 해야겠구나.' 더 이상 물러서지 못할 막다른 길임을 직감적으로 느끼고 순종하기로 했다. 그렇게 서른일곱, 순복음신학교 3학년으로 편입하고 서른아홉에 늦둥이 목회자가 되었다.

1979년 1월 1일, 늦은 나이에 시작하는 만큼 죽도록 충성하겠다는 다짐으로 여의도순복음교회 수련전도사로 첫발을 내딛었다. 전도사로 출발하기 앞서 기도원에서 열흘 동안 금식하면서 하나님은 하나님 나라와 세상 나라의 차이를 환상으로 보여 주셨다. 또한 하나님 일을 하는 것과 세상 일하는 것의 차이도 알게 하셨다.

환상 중에 누군가가 나를 경복궁처럼 큰 궁으로 데려갔다. 궁 앞에는 사람들이 줄을 서 있었는데 순서가 되면 궁 안으로 들어가 금은보화를 가지고 나왔다. 처음 들어간 사람이 금은보화를 마음껏 가지고 나오면 두 번째 사람이 들어가는 식이었는데 내가 첫 번째였다. 설렘을 안고 궁으로 들어가니 얕고 큰 연못에 황금 돈이 가득 차 있었다. 기쁜 마음에 연못에 들어가 힘껏 팔을 펴서 황금 돈을 안고 일어났다. 그런데 물속의 금은보화를 손으로 건지는 순간 팔뚝에 까만 흙물이 흘러내렸다. 연못 속의 돈은 맑은 물의 돈이 아닌, 흙탕물의 돈이었던 것이다.

'에이, 이런 돈은 가지고 가지 않겠다'며 손을 털고 샘물에 손을 씻고 나왔는데, 밖에서 기다리던 사람들이 호기심 어린 눈빛으로 왜 돈을 가지고 나오지 않느냐 물었다. 대답하고 싶지 않아 아무 대답도

하지 않고 대문을 나왔는데 바로 그때 높은 하늘에 예수님이 부활 승천하실 때의 모습 그대로 나타나셔서 내게 손을 펴며 고개를 끄덕이셨다.

이 환상은 삶이나 신앙에서나 맑고 깨끗한 목회자가 되겠다는 나의 각오를 다지게 해 주었다. 투명한 목회자가 되려면 주님 앞에 부끄럽지 않아야 하고, 그러려면 죽도록 충성하며 바르게 살아야 한다고 생각했다. 그러니 수련전도사로 시작하면서 "주님을 위해 죽기까지 충성하겠습니다. 뒤늦게 시작한 일 후회 없도록 오직 목회에만 전념하겠습니다"라는 고백을 수없이 드릴 수 있었다.

전도사로 활동해야 하니 회사도 정리해야 했다. 우선 기도원에서 내려오자마자 회사에 연락해 앞으로 출근하지 않겠으며 회사에 대한 모든 권리를 포기하겠다고 말했다. 20년간 몸담은 회사를 떠나며 볼펜 한 자루도 들고 나오지 않았다. 주의 종의 길을 걸어가려면 그 정도의 결단은 있어야 한다고 생각했기 때문이다. 지금 생각해도 그때 미련 없이 회사를 돌아선 것은 하나님의 은혜라고 생각한다. 강압적으로 회사 일을 하지 못하게 했다면 어떻게 됐을 텐데 주님의 부름을 받으니 모든 것을 자유롭게 놓을 수 있었다.

주변을 정리하고 전도사로 오롯이 서게 된 나는 특별한 은사가 있는 것도 아니고 설교를 잘하는 것도 아니지만 죽도록 충성하는 길밖에 없다고 생각해 1분 1초도 허투루 쓰지 않았다. 그 결과 처음으로 맡은 천호소교구가 1년 사이에 3배로 부흥했다. 이후 담당하는 교구마다 괄목할 만한 성장을 이루었다.

하나님의 지경을 넓히시는 은혜는 가속도가 붙었다. 1981년 5월에 목사 안수를 받고 대교구장과 선교국장을 거쳐 불과 3년 만에 수석부목사 격인 교무국장에 임명하셨다. 여의도순복음교회에서 사역 3년 만에 교무국장으로 발령하는 전례는 없는 일이었다. 초고속 승진을 감당하기 힘들어 조 목사님께 "그 귀한 자리를 제가 어떻게 맡습니까" 하며 정중히 고사했으나 목사님은 강경했다.

"그러니까 최 목사한테 맡기는 거야."

이 말씀을 듣는 순간 꿈에서 본 교적부가 떠오르며 무릎을 쳤다. '아, 이래서 하나님이 조 목사님을 통해 교적부를 보여 주셨구나.' 교역자들과 교적을 관리하는 일이 교무국장의 일이었으니 꿈대로 이루어진 것이었다. 하나님의 역사는 이처럼 타이밍이 절묘하다. 수년 전에 이해할 수 없는 꿈으로 사인을 주시고 되어 가는 과정을 통해 마침내 뜻을 이루신다. 우리는 그 되어 가는 과정 속에서 하나님을 향해 감탄하고 영광을 돌리면 된다.

어쨌든 서른아홉에 늦둥이 목사가 되어 주의 종으로 살면서 죽도록 충성하겠다는 자세로 사역에 온몸을 던졌다. 하나님 앞에 사람의 완전함이 어디 있을까마는 그래도 여한이 없을 정도로 일했다. 아니 일하도록 만들어 가셨다.

인천에 빚진
늦둥이 목회자,
효 목사로 서다

"최 목사가 가야겠네."

조용기 목사님 말씀에 나는 두말 않고 "아멘" 하며 순종하기로 했다. 그렇게 온 곳이 인천이다. 교무국장으로 충성을 다해 일하며 본교회를 섬기고 있을 즈음 여의도순복음교회는 지역의 지성전들이 조직되어 성장하고 있었다. 대부분 서울 여의도까지 예배를 드리러 오기 힘든 지역에서 지성전이 하나둘 조직되고 있었는데 인천이 그랬다. 이에 인천 성도들의 요청에 의해 인천의 시민빌딩 지하에 성전이 만들어졌는데 그곳에 모인 성도들이 300여 명이 되었다. 꽤 많은 인원이라 성도들은 4개 교구를 조직하여 자체적으로 운영해 나갔지만 담임 교역자가 없기에 교회가 제대로 운영되지 않았다. 이에 조 목사님이 나를 파송하셨다.

1983년 11월 8일, 여의도순복음교회의 지교회로 세워진 지하 성전에 담임목사로 부임하고 나니 한편으론 마음이 불편했다. 왜 인천의 눅눅하고 어두침침한 지하 성전에서 목회를 해야 하는지 확신이 서지 않았다. 모교회를 떠나왔다는 허전함은 뒤로하고 하필 왜 이곳 인천으로 보내셨는지 의문으로 이어졌고 의문은 감사와 기쁨을 앗아 갔다.

기도하기 시작했다. 아무런 확신도 없이 목회를 시작할 수는 없었다. 목사가 흔들리면 성도에게 영향을 미치기 때문에 한 시간이고 두 시간이고 응답을 받을 때까지 기도하기로 했다. 그렇지 않으면 신명 나게 목회할 자신이 없었다.

"하나님, 왜 저를 이곳으로 보내셨습니까?"

기도하며 묻고 또 물었다. 새벽 3시쯤 되었을까, 마음에 들리는 한 음성이 있었다.

"33년 전을 기억하라."

"네? 33년 전이라고요? 그때 무슨 일이 있었나요?"

당시 내 나이 마흔세 살이었으니 33년을 빼면 열 살이다. 열 살 되던 해라, 무슨 일이 있었는지 되짚어 보니 그해 6·25 전쟁이 발발했고 전쟁에서 아버지와 두 분의 작은아버지를 잃었다. 그 전쟁이 인천에 온 일과 무슨 상관이 있나 곰곰이 생각하던 중 섬광처럼 스치는 기억과 사건이 있었다.

한참 전쟁으로 아군이 밀리던 때, 우리 가족은 군인 가족이었기에 인민군의 표적이 되고 있었다. 이제 날이 밝으면 인민군들이 군인 가족을 몰살할 것이었다. 내일이면 우리 가족은 모두 인민군에 의해 죽을 목숨이었다. 죽음이 코앞으로 시시각각 다가오자 어머니와 나와 동생은 죽음의 공포를 온몸으로 느끼며 벌벌 떨면서 뜬눈으로 밤을 지새웠다. 우리가 할 수 있는 일은 아무것도 없었다. 그저 날이 밝지 않기를 바랄 뿐이었다.

야속하게도 어김없이 아침은 다가왔다. 그런데 어찌된 영문인지 군인 가족을 몰살하기로 한 그날, 인민군이 보이지 않았다. 알고 보니 인천상륙작전이 개시되었단다. 맥아더 장군의 지휘 아래 인천상륙작전이 개시되자 전세가 뒤바뀌어 인민군들이 종적을 감추었다. 이 작전이 하루만 늦었어도 우리 가족은 모두 죽었을 것이다. 기적처럼 살아난 것이 좋아 종일 껑충거리며 뛰었으면서도 그 뒤로 그날 일을 까맣게 잊고 살았다. "은혜는 바위에 새기고 원한은 흐르는 물에 새기라"고 했는데 은혜를 흐르는 물에 새긴 꼴이다.

'아, 그러고 보니 인천이 우리 가족의 목숨을 구해 준 곳이로구나.' 이런 깨달음과 함께 인천에 어마어마한 빚을 지고 있다는 생각이 들었다. 게다가 이곳은 우리나라에 복음이 들어오게 된 복음 개항지가 아니던가. 영적, 육적으로 생명의 빚을 진 도시 인천으로 왜 나를 보내셨는지 비로소 명확해지며 입술의 선포가 나왔다.

"하나님 아버지, 복음으로, 생명으로 빚진 이곳 인천에서 죽도록 충성하겠습니다."

인천에서 목회를 시작하게 되면서 제일 먼저 주력한 것은 꿈과 소망을 품은 복음의 목회로의 회복이었다. 당시 인천은 서울살이에서 실패한 사람들이 찾아들던 곳이라 시민들 전반적으로 패배 의식이 강했다. 이곳을 정착지로 여긴다기보다 다시 서울로 가기 위한 경유지로 여겼기 때문에 지역 사랑도 희박했다. 다른 도시보다 주인 의식이 부족한 이곳 성도들에게 필요한 것은 꿈과 소망이었다. 그래서 '서해안 시대'를 외쳤다.

"인천은 서울의 달동네가 아니라 물류의 중심 도시가 될 것입니다. 향후 5년 안에 중국이 열리고 소련도 열려 서해안 시대가 도래할 것입니다. 인천을 버리고 가면 십 리도 못 가서 발병 납니다."

다소 과격한 발언일 수 있지만 나는 자신이 두 발 딛고 사는 삶의 터전을 사랑하지 않고는 아무 일도 할 수 없다는 신념이 있었기에 자신 있게 외쳤다. 회사를 사랑하는 마음이 있어야 열심히 일을 하고 그래야 성과를 내듯, 지역 사랑이 없는 시민들로 구성된 도시는 낙후성을 면하기 어렵다. 그래서 기회 있을 때마다 인천 사랑과 인천에 대한 비전을 강조했는데 그 후 정말 '서해안 시대'라는 말이 언론에서 보도되면서 말이 실제가 되어 갔다.

1987년부터 '서해안 시대'라는 말이 흘러나오더니 1988년 올림픽을 계기로 소련의 배가 들어오고, 중국과 교류가 시작되고, 영종도 개발이 착수되었다. 하나님은 믿음으로 외친 나의 입술을 사용하여 인천의 앞날을 예고하신 것이다.

33년 전의 기억을 되살려 비전과 사랑을 갖게 되었지만 인천에서의 목회 현실은 열악하기 짝이 없었다. 성전 주변 환경도 열악했지만 교회 내부도 무질서했다. 먼저 교회 조직을 정비하고, 기관과 부서를 신설하고 수정했다. 이 과정에서 몇몇 성도들 간에 불협화음이 있음을 알게 되었다. 시기와 질투로 교회 안에서조차 사랑이 이뤄지지 않는 현실에 가슴이 아파 밤마다 잠을 설치며 고민했다. 몇 날 며칠을 고민하다가 '사랑실천운동'을 계획하고 성도들 간에 사랑이 우선되어야 함을 강조했다. 초대교회처럼 서로 섬기며 어려운 일을 함께하는 교회로 만들고 싶어 사도행전 2장 42, 47절을 목회 방향으로 정했다. 그리고 '사랑으로 화목하고 힘 모아 충성하자'는 표어를 만들었다.

"그들이 사도의 가르침을 받아 서로 교제하고 떡을 떼며 오로지 기도하기를 힘쓰니라"(행 2:42).

"하나님을 찬미하며 또 온 백성에게 칭송을 받으니 주께서 구원받는 사람을 날마다 더하게 하시니라"(행 2:47).

어딜 가나, 무슨 예배에서나 '사랑'을 강조했다. 교역자 교육은 물론 기관과 부서의 소그룹 교육도 직접 챙기며 사랑을 강조했다. 틈날 때마다 이를 위해 기도했다. 그러자 분위기가 서서히 바뀌더니 돕는 일을 자처하고 서로를 세워 주는 공동체로 변하기 시작했다. 이 소문이 말없이 퍼져 지역 주민들 사이에서 초대교회같이 은혜로운 교회, 분위기 좋은 교회로 알려지게 되었다.

사랑이 회복되자 자연스럽게 성령 충만을 사모하고 구원받는 사람이 날마다 더해지는 부흥의 일로를 달리게 되었다. 지하에서 300명으로 시작한 인천순복음교회가 3만 성도의 교회로 부흥하기까지 하나님은 곳곳에 역사하셨고 부족한 나를 사용하셨다.

무엇보다 부흥의 일로에 서게 하신 가운데 성경적 효를 발견하여 성경적 효를 전하고, 효를 실천하여 지역과 사회 나아가 국가 인류를 위해 성경적 효 정신을 효 신학으로 확장시켜 나가는 효 목사로서 지금껏 살아가게 하셨다. 1995년부터 시작한 효 목회는 원로목사가 된 지금까지 이어지고 있는데, 이를 통해 인천순복음교회가 양적, 질적으로 성장하는 자양분이 되었고 나아가 지역사회, 국가적인 운동으로 확장되어 우리나라에 효 운동의 불씨를 살리는 불꽃이 되었다. 하나님의 창조적이고 창의적인 방법 중 하나로 효 목회를 선택하셨음을 확신하기에 그 도구로 사용되어졌음에 감사하다.

지금도 우리 가족의 목숨을 건져 주고, 우리나라에 복음이 처음 들어온 인천을 생각하면 가슴이 뜨거워진다. 이는 필시 하나님이 주시는 마음일 것이다. 나에게 인천은 은혜의 도시, 빚진 도시다. 하나님은 33년 전 몰살의 위기에서 건져 준 곳으로 나를 보내시어 은혜를 기억하게 하셨다. 하나님의 은혜를 기억하고 감사하는 것 못지않게 나는 인천의 은혜를 기억하는 사람이 되고 싶었다. 사회사역을 통해 그 은혜를 갚고 싶었다. 기도 가운데 인천의 은혜를 알게 하신 하나님은 내 마음에 불같은 지역 사랑을 심어 주셔서 이웃과 함께하는 교회로 목회 방향을 이끄셨다.

인천은 나로 하여금 은혜를 아는 사람, 은혜를 기억하는 사람으로 만들어 주었다. 그곳이 인천이었기 때문에 비록 다른 교회보다 늦게 세워졌지만 그 어느 교회보다 한발 앞서 사랑과 복음을 들고 그늘진 곳과 소외된 사람들을 찾아 나서게 되었을 것이다. 또 그곳이 인천이 었기 때문에 하나님 앞에서나 사람 앞에서나 은혜를 기억하는 사람 이 되고자 몸부림쳤을 것이다. 이것이 인천이라는 도시가 나에게 준 가르침이며 우리 교회에 준 사명이다.

"하나님 아버지, 복음으로, 생명으로 빚진 이곳
인천에서 죽도록 충성하겠습니다."
인천은 나로 하여금 은혜를 아는 사람,
은혜를 기억하는 사람으로 만들어 주었다.

Harmony

2부

효,
부흥의 날개를 달다

기도의
회복으로
시작된 부흥

목회 현장에서 기도만큼 중요한 게 없다. 기도는 하나님과 협력하는 능력을 기르는 가장 탁월한 도구다. 한계를 지닌 인간이 전능하신 하나님의 뜻과 도우심을 구하는 건 당연한 일이다. 아무리 좋은 프로그램을 개발하고 진행하더라도 기도 없이 좋은 성과를 기대하기 어려운 게 목회 현장이다. 최고의 프로그램이 아니더라도 깨어 기도하는 교회는 성장하게 된다.

1970-1980년대 한국교회가 부흥하게 된 것은 어떤 우수한 성장 프로그램의 힘이 아닌 오직 기도의 힘이었다. 1973년 빌리 그레이엄 전도대회, 1974년 엑스플로 74대회, 1977년 민족복음화대회, 1980년 세계복음화대회, 1984년 한국기독교 100주년 선교대회 등 굵직한 대

회와 새벽과 밤으로 간구하며 부르짖은 천만 성도의 기도의 힘 덕분이었다.

1983년 시작된 인천순복음교회의 부흥의 동력도 기도였다. 교회 부흥은 하나님 아버지의 뜻이며, 하나님 아버지를 기쁘게 해 드리는 일이다. 따라서 교회 부흥과 개인의 신앙 성숙을 위한 기도 훈련은 효심의 발로였다.

그 흔한 세미나 한 번 참석해 본 적 없이 오로지 기도만 하며 교회를 섬겼던 나였다. 여의도순복음교회라는 큰 교회를 섬기다가 어려운 곳으로 파송되어 교회를 맡게 되었을 때 이 큰 문제 앞에서 과도하게 기도할 수밖에 없었다. 좋으신 아버지는 기도하면 지혜를 주셨고, 때론 기도를 수정해 주시고 심화해 주시며 하나님의 뜻 가운데로 이끄셨다.

인천순복음교회 목회를 시작하면서 이 놀라운 기도의 비밀을 성도들과 나누고 싶었다. 워낙 열악한 상황에 처했던 터라 기도가 회복되는 게 먼저였다. 그래서 1986년 봄부터 '하루 한 시간 이상 기도하기'라는 캐치프레이즈로 '겟세마네기도회'라는 저녁기도회를 신설하고 기도 혁명을 일으키기 시작했다. 여의도순복음교회에서 익힌 합심기도와 통성기도를 활성화하여 뜨겁게 부르짖도록 훈련시켰다. 매일 한 시간씩 꾸준히 기도하는 훈련이 쌓이면 신앙 혁명이 일어나고 신앙 혁명이 일어나면 생활 혁명이 일어날 거라 생각하여 기도를 강조했다.

"기도는 하나님을 생각하고 그 생각에 자신을 맞춰 가는 것입니다. 기도하면서 하나님을 생각하지 않는 것은 자기 의를 세우는 것밖에 되지 않습니다. 그러니 하나님을 생각하며 기도합시다. 그래서 하나님 생각을 닮아야 합니다. 한 시간 기도를 통해 성도 여러분이 하나님 생각을 닮아 하나님 뜻대로 살게 될 것입니다. 한 시간 기도가 체질로 굳어지길 바랍니다."

예수님이 베드로에게 말씀하신 한 시간 기도를 강조하며, 기도하지 않는 것이 죄라고 고백한 사무엘의 고백이 성도들의 고백이 되어 기도의 용사가 되길 바랐다.

겟세마네기도회를 시작하고 1년 365일 하루도 거르지 않고 교회를 개방했다. 당시만 해도 1년 내내 교회를 개방하는 건 파격적인 일이었다. 기도하기 위해 매일 밤 기도회를 여는 교회는 듣지도 보지도 못하던 때였다. 게다가 매일 새벽과 밤, 두 차례씩 기도회를 인도하는 건 굉장한 체력전이었다. 육체적으로는 지치고 힘들지언정 성도들의 영이 살아나는 것을 보면 피로를 잊었다. 새벽기도에 참석하지 못하는 성도는 저녁기도회를 반겼는데, 저녁기도회 때문에 새벽기도에 나오는 인원이 줄지 않을까 염려했지만 그것도 기우였다. 오히려 많은 성도가 새벽기도와 겟세마네기도회를 병행했다. 과연 기도는 하면 할수록 힘을 발휘한다.

언제든 마음만 먹으면 교회에 가서 기도할 수 있는 여건이 되자 새벽과 밤으로 모여 기도하는 성도들이 점점 늘고 교회는 기도의 열기와 함께 전도의 불이 붙어 역동적으로 변해 갔다. 매일 저녁 8시 30분이면 인천 전역에서 기도의 용사들이 모여 들었다. 멀리 사는 성도들은 버스를 두세 번씩 갈아타며, 젊은 엄마들은 아이를 업고, 직장인들은 퇴근하자마자 지하 성전으로 모였다.

어느덧 700여 명으로 늘어난 성도들이 30분간 말씀을 듣고 1시간동안 뜨겁게 부르짖으면 그 좁은 성전이 기도의 열기로 후끈 달아올랐다. 기도의 힘이 얼마나 컸는지, 교역자들과 함께 성도들을 안수하다 보면 손이 감전되는 듯한 전율을 수없이 경험했다. 하늘을 삼킬 것같은 기도 소리와 성전을 가득 메운 기도의 열기는 '순복음'다운 열정과 뜨거움이었다.

겟세마네기도회는 다시 기도로 돌아가고자 하는 회복에 초점이 맞춰져 있었기에 성도들의 신앙 회복 뿐만 아니라 교회의 회복, 사회와 국가의 회복에도 마음을 다했다.

1980년대는 권위주의적인 정치 체제에 재야와 운동권이 격렬하게 저항하던 시기였다. 시민들도 학생들의 시위에 동참해 강력하게 항거하며 시민운동으로까지 번지던 시대였다. 연일 학생들의 반정부궐기가 그치지 않던 암울하고 혼란스러운 정국을 보며 기도만이 나라를 살리는 길이라 생각하고 구국기도를 강조했다. 박종철 군 고문치사 사건과 이한열 군 최루탄 희생 사건이 도화선이 되어 재야와 시민, 넥타이 부대와 학생, 노동자들의 데모가 걷잡을 수 없이 격해졌다. 고문 정권 규탄 및 민주화 투쟁의 소용돌이에 휘말린 정국은 그 어느 때보다 불안했기에 우리는 나라를 위해 뜨겁게 부르짖었다.

그 결과 겟세마네기도회를 통해 많은 성도를 구국기도의 자리로 불러 들였다. 손수건으로 코와 입을 막은 성도들은 자욱한 최루탄 가스를 뚫고 교회로 모였다. 우리 교회가 자리한 주안사거리는 학생들의 시위가 연일 끊이지 않던 지역이라 거리에는 늘 최루탄 가스가 뿌옇게 떠다녔고 전경들이 대기하고 있었다. 하루도 빠짐없는 시위로 인해 도심의 공기는 눈을 뜨기 어려울 정도로 따갑고 매워 숨 쉬는 일도 쉽지 않았다.

하루는 기도회에 나온 성도들을 도로 돌려보내야 했다. 그날 최루가스가 지하 성전을 가득 메워 숨을 쉴 수조차 없었기 때문이다. 대신 성전 입구에서 기도해 주고 주기도문으로 파한 뒤 돌려보냈는데 그날의 짧은 기도는 다른 날의 한 시간 기도보다 더 절절했다. 불안한 시국에도 불구하고 시위의 한복판으로 기도하러 나온 성도들에 대한 고마움과 이 나라를 긍휼히 여겨 달라는 간절함이 배인 뜨거운 기도가 입술을 타고 나왔다.

그러면서 확신이 들었다. 전도의 길이 막혀 답답하고 혼란스럽던 사도 바울이 기도했을 때 하나님이 환상으로 다른 길을 보여 주신 것처럼 이 나라의 어수선한 시국도 다른 길을 열기 위함이라는 확신이었다. 나라를 위해 눈물로 기도하는 교회와 성도를 외면하지 않으실 것이라는 믿음은 훗날 민주화의 기틀을 마련한 '6·29민주화선언'으로 응답되었다.

1986년 인천순복음교회에서 시작한 겟세마네기도회는 교회 사상 최초로 시작되어 내부적으로는 영적 회복과 양적, 질적인 부흥을 일으켰고 외부적으로는 전국과 전 세계 교회로 확산되어 한국과 세계의 교회 역사를 다시 쓰게 했다. 이러한 기도 운동의 시작이 되게 하신 은혜에 감사할 따름이다.

기도는 건강한 교회를 가늠하는 척도이며 건강한 신앙의 핵심이다. 기도가 살아 있는 교회치고 건강하지 않은 교회가 없다. 겟세마네기도회는 인천순복음교회를 건강한 교회, 늘 깨어서 기도하는 성도와 목회자로 만들어 주었다. 성도들은 문제가 있든 없든 날마다 엎드리는 기도 체질로 바뀌었고, 이것은 교회 부흥과 개인의 영적 성숙에 견인차 역할을 했다.

기도는
건강한 교회를 가늠하는 척도이며
건강한 신앙의 핵심이다.

진흙 길을
걷는
기도의 용사들

기도를 해 본 사람이라야 기도가 얼마나 힘들고 어려운 육체적, 영적 싸움인지 안다. 기도의 사람은 육체의 한계를 뛰어넘고 사탄의 방해를 물리쳐 승리한다. 기도가 주는 평강과 기쁨이 세상 그 무엇과도 견줄 수 없다는 비밀을 알기 때문이다.

겟세마네기도회를 계기로 성도에게 들불처럼 퍼진 기도 운동은 인천순복음교회의 부흥을 일으키고 있었다. 날마다 교회와 나라를 위해 기도하다 보니 각 개인과 공동체에 강력하게 성령이 임했고 날마다 성도의 수를 더했다. 부흥회에는 앉을 자리가 없어 의자를 모조리 걷어 내고 돗자리를 깐 채 바닥에 앉아 예배를 드려야 했다.

주변에서 핍박도 이어졌다. 지하 성전에서 뜨겁게 기도하는 소리와 찬양 소리가 시끄럽다며 이웃에서는 병을 던졌고, 1층에 있던 병원에서는 조용히 하라며 해머로 바닥을 내리쳤다. 그렇다고 어떻게 성령 충만함의 표현을 숨길 수 있겠는가. 더 이상 이곳에 머물 수 없었던 우리는 새로운 성전을 꿈꾸며 기도했다.

"하나님, 우리 교회를 건축하려고 예비해 놓으신 땅 있잖습니까. 하나님, 그 땅을 주십시오. 땅 투기꾼이 아직 손대지 않은 그런 땅을 주십시오."

얼마 뒤 3,000평의 땅이 나왔고 협박과 죽음의 위기를 넘기며 그 땅을 매입했다. 하지만 그건 어려움의 시작에 불과했다. 매입한 땅의 지목(地目)이 자연녹지였기에 시에서 형질 변경을 내 줘야 교회를 지을 수 있는데, 허가가 나지 않는 것이다. 부지를 매입할 때 다른 건 못 지어도 교회는 지을 수 있다는 인천시의 확인까지 구두로 받았건만 막상 교회를 지으려고 하니 허가가 안 났다. 백방으로 알아보고 인간적인 노력이란 노력은 다 했으나 허사였다. 모두가 "땅 잘못 샀다"는 소리만 해 댔다.

"하나님, 하나님이 해 주셔야 합니다."

이제는 하나님 하실 일만 남았다는 생각으로 응답을 받을 때까지 아침 금식기도에 돌입했다. 그 금식기도는 110일 동안 계속되었다. 피 말리는 110일이 지나가던 날, 인천시장으로부터 연락이 왔다.

"목사님, 이거 어떻게 해서 형질 변경 허가가 났는지 몰라도 이제 허가가 났으니 신나게 교회 지어 보세요."

할렐루야! 우리는 좋으신 하나님께 대한 감사와 순탄한 건축 공사를 위해 10일간의 아침 금식을 더하기로 마음을 모았고 총 120일간 아침 금식기도를 승리로 이끌었다. 교회가 지어지는 과정에서 성도들의 기도 운동은 계속되었다. 겟세마네기도회는 기도에 불을 지피며 각 부서, 전 교인에게 급속도로 퍼져 나갔다. 제일 먼저 청년부로 옮겨 붙었다. 40여 명이 모이던 청년부는 목요일마다 기도회를 따로 열어 밤새도록 부르짖었다. 청년들은 목요일 밤 10시에 모여 찬양하고 말씀을 듣다가 다음날 새벽 4시까지 기도했다. 아침에 토막 잠을 자고 버스가 운행되는 시간에 첫차를 타고 집이나 회사로 갔다가 다음날 장년금식예배까지 이틀간 철야기도를 이어 가던 청년들을 보면 그 뜨거움에 눈시울이 젖곤 했다.

그들의 기도는 자연스럽게 성전 건축으로 이어졌는데, 성전 부지를 매입하고 건물 골조가 올라가기 시작하면서부터 청년들은 관교동 교회 건축 공사장으로 기도회 장소를 옮겼다. 승용차가 있는 청년은 아무도 없었기에 버스를 타고 종점에서 내려 손전등에 의지해 어둑어둑한 진흙 길을 걸어 교회 건축 현장으로 모였다. 황량하기 그지없는 허허벌판에 덩그러니 건물 뼈다귀만 드러낸 신축 현장 지하에서 밤이 새도록 부르짖었다. 촛불이 조명을 대신했고 기도로 트인 목소리가 마이크를 대신했지만, 아름다운 성전이 완공되도록, 나라가 안정되도록 밤새 기도한 것이다. 교회가 완공될 때까지 건축 현장에서 청년들의 철야기도가 계속되었으니 우리 교회는 말 그대로 기도의 터

위에 세워진 교회다. 청년들의 열정을 바친 기도, 성도들의 밤낮없이 부르짖는 기도의 위대한 자양분이 있었기에 반석 위에 세우신 교회를 볼 때마다 감사할 수밖에 없다.

우여곡절 끝에 교회가 지어지고 1986년 9월 26일, 조용기 목사님을 모시고 감격의 입당예배를 드렸다. 공사를 시작한 지 1년 반, 성전 부지를 구입한 지 3년 만의 일이다. 당시 새 성전의 위치나 환경은 지금과는 비교가 안 될 정도로 척박했다. 버스 종점에서 내려 1km를 걸어야 하는데, 길목 한복판에 커다란 묘소 2기가 떡 하니 버티고 있었다. 게다가 택지 조성 전이라 도로도 없고, 가로등도 없는 개펄 같은 진흙 길을 걸어야 했다. 주변은 잡초만 무성한 황량한 들판이었다. 그러나 어느 누구도 환경을 핑계 대지 않았다. 비가 오면 신발을 손에 들고 맨발로 진흙 길을 걸었고, 바람이 불어 흙먼지가 날리면 입을 막고 걸었다. 척박한 환경은 우리를 예배의 자리로 나아오게 만들었지 불평의 자리에 머물게 하지 않았다.

성도들은 새 성전으로 옮긴 뒤에도 예배에 열심이었다. 마치 사막에 떨어진 씨앗이 사력을 다해 한 방울의 물을 얻으려 가장 깊이 뿌리를 내리는 것처럼 열성으로 모였다. 비가 오나 눈이 오나 그 불편한 길을 걸어 억척스레 나오는 성도들을 볼 때마다 가슴이 뭉클해지며 두 주먹에 힘이 들어갔다.

그러나 대성전의 빈자리는 부담스러웠다. 성전이 완공되면 마냥 좋을 줄 알았는데 그게 아니었다. 당시 4,000-5,000명의 성도가 출석을 하고 있었는데 수용 인원 3,000석의 대성전에서 일곱 번에 나눠서 예배를 드리다 보니 빈자리가 눈에 띄게 많았다. 빈자리를 볼 때마다 성전을 채우지 못하는 죄스러움에 짓눌렸다. '저 자리가 비어 있다는 건 어디선가 하나님의 말씀을 갈망하는 영혼이 기다리고 있다는 뜻이다'라는 생각에 고민이 깊어졌다. 성도들은 성도들대로 썰렁한 대성전 분위기에 적응하지 못하고, 찬양대의 찬양 소리는 회중에게 전달되지 못한 채 허공을 맴돌았다.

이번에도 내가 할 일은 기도, '과도하게' 기도하는 것이었다. 전도 프로그램 자체를 모르고 전도 세미나에 참석한 적도 없던 나는 무조건 하나님 앞에 엎드렸다. 여러 날 기도하는 중에 하나님이 지혜를 주셨고 나도 한 사람 전도한다는 '배가부흥 100일 작전'을 구상했다. 말하자면 100일 동안 전 성도가 금식하며 전도를 위해 기도한 뒤 불신자를 데려오는 작전이었다. 금식에 돌입한 지 50일쯤 지났을 때 나는 벤치마킹이 필요할 듯하여 총동원 전도주일 프로그램으로 성공한 광주 무돌교회로 답사를 떠나기로 했다. 그런데 반발하는 소리가 들려왔다. 5,000명 모이는 교회가 500명 모이는 교회에 왜 가느냐는 것이었다. 내 생각은 달랐다. 배울 게 있다면 500명이 아니라 50명이 모이는 교회라도 배우러 가야 한다고 생각했다. 배울 게 있는데 안 가르쳐주겠다면 바짓가랑이를 잡고서라도, 무릎을 꿇어서라도 배워야 한다는 생각이었기에 강행하기로 했다. 무엇보다 총동원 전도주일 개념도 모른 채 혼자서 비슷한 프로그램을 계획하던 나에게 하나님이 성공적인 모델을 연결시켜 주신 것이라는 확신이 들었다. 과연 하나님의 지혜는 주효했다.

광주 무돌교회를 다녀온 뒤 교회 부흥을 위한 꿈이 더욱 커졌다. '배가부흥 100일 작전'을 '인천시민 10만 명 초청 천국잔치'로 명칭을 변경하여 매주 화요일 밤마다 전 성도가 송도 뒷산에 모여 산 기도를 했다. 3월의 꽃샘추위도 아랑곳 않고 산에서 밤을 하얗게 새우며 영혼 구원을 위해 기도했다.

드디어 1987년 6월 28일, '인천시민 10만 명 초청 천국잔치'의 막이 올랐다. 하나님은 덥지도 춥지도 않은 서늘한 날씨를 주셨고 부흥의 복도 주셨다. '인천시민 10만 명 초청 천국잔치'가 배설된 당일에는 평소 출석 인원보다 8배 많은 4만 1,000여 명의 사람이 예배를 드렸고, 그중 40%에 해당하는 1만 7,000여 명이 결신했다. 워낙 많은 사람과 차량이 관교동 허허벌판으로 모였기에 인천시장이 아침, 점심, 저녁에 걸쳐 세 번이나 교회를 방문하는 일도 일어났다.

'인천을 성시화하자', '인천을 사랑하자'라는 현수막을 단 택시와 전세버스 60대가 인천 시내 전역을 돌며 시민들을 실어 나르고, 시내버스는 교회 앞까지 특별 연장 운행되고, 주일예배는 아침 7시부터 밤 11시 40분까지 열한 차례 드려졌다. 점심과 저녁을 거르며 열한 번의 설교를 했지만 배고픈 줄도 피곤한 줄도 몰랐다. 하나님이 붙들어 주시니 힘이 솟았다. 평상시보다 더 우렁찬 목소리가 나왔다. 먹은 게 없기도 했지만 화장실을 한 번도 가지 않고 예배를 인도했다. 하나님이 기뻐하시는 일에 미치니 생리적인 현상까지 조절해 주신 것 같다.

꿈같은 하루가 지나고 마지막 예배를 드리는 밤 10시, 전체 제직들이 모여서 감사예배를 드리는데 예배당 안은 기쁨과 감격의 도가니였다. 부흥을 위해 100일 동안 금식하며 숨 가쁘게 달려온 성도들을 바라보자니 목울대가 뜨거워졌다. 툭 하면 금식기도를, 그것도 보통 100일 이상씩 금식기도를 선포해도 불평하지 않고 따라 준 성도들이 너무 고맙고, 장하고, 소중하고, 자랑스러웠다.

인천순복음교회는 '인천시민 10만 명 초청 천국잔치'를 기점으로 감격시대에 접어들며 지속적인 부흥을 꿈꾸며 나아갔다. 총동원 전도의 단점을 보완해 2년 뒤에는 '가족초청 천국잔치'로 옷을 갈아입고 성도의 정착률을 높였다. 1987년 새성전 입당 후 출석 성도가 1만 명을 넘어선 것도, 세계 20대 교회 안에 들어 교회 성장의 모델이 된 것도 가족초청 천국잔치를 치르고 난 뒤였다. 가족초청 천국잔치는 꾸준히 보완되고 수정되어 현재 '하모니새생명축제'로 이어지고 있다.

인천순복음교회가 당시 단기간에 국내 대형 교회에 들어갈 만큼 부흥한 데는 가족초청 천국잔치와 더불어 초대교회를 모델로 삼아 성령 충만한 목회를 해 왔기 때문이다. 사도행전 2장 42절 "그들이 사도의 가르침을 받아 서로 교제하고 떡을 떼며 오로지 기도하기를 힘쓰니라"는 말씀과 2장 47절 "하나님을 찬미하며 또 온 백성에게 칭송을 받으니 주께서 구원받는 사람을 날마다 더하게 하시니라"는 말씀을 붙들고 전력 질주한 덕분이다.

나는 교회의 성장이 단순히 양적 성장에 머무는 것이 아니라 교회가 속한 지역사회 전체에 대한 복음의 소망을 품어야 한다는 생각이 컸다. 목숨을 빚진 곳이라는 생각만 해도 가슴이 뜨거워지는 인천, 이 인천시와 시민이 한 명이라도 더 예수님을 알았으면 좋겠고 우리 교회가 그 일에 쓰임 받았으면 하는 소망이 있었기에 성령의 능력으로 말씀을 생활화해서 살기 좋은 도시, 아름다운 도시로 만들고자 기도하고 노력했다. 그래서 교회 중심 목회가 아니라 지역 중심 목회를 해왔고 지금도 그 목회 철학은 변함이 없다.

내가 할 일은 '과도하게' 기도하는 것이었다.
무조건 하나님 앞에 엎드렸다.
여러 날 기도하는 중에 하나님이 지혜를 주셨고
과연 하나님의 지혜는 주효했다.

지역사회와
가족 중심의
인천순복음교회

　　　　　　　　"목사님, 독립이 아니면 어떻습니까. 지금
이대로도 좋습니다."

"아니야. 최 목사, 인천순복음교회를 독립 교회로 잘 이끌어 봐."

1990년, 인천순복음교회는 여의도순복음교회 지교회로는 처음으
로 독립 교회가 되었다. 본교회의 지교회로서 독립 교회가 된다는 것
은 많은 것을 시사하기도 하지만, 개인적으로 생각할 때는 신앙의 멘
토이자 아버지처럼 생각하는 조용기 목사님과는 멀어지는 것 같아 서
운한 일이기도 했다.

목회자가 된 뒤 조 목사님을 더 가까이에서 모시면서 나는 목사님
을 깊이 존경하게 되었다. 조 목사님의 철저한 성경 중심의 신앙과 겸

허한 성품 때문이다. 1970년대의 유신체제 사회는 불안했고 거리 시위가 끊이지 않았다. 이런 혼란함 속에서도 조 목사님은 "나는 거리로 나가지 않겠다. 기도하겠다. 세상 보지 않고 하나님만 보겠다"고 하셨다. 그 말씀을 들으며 저런 분이라면 나의 인생을 맡기고 따라가도 되겠다고 생각했다.

그 속에는 혼란한 사회를 외면하겠다는 것이 아닌 개혁의 물결을 거세게 일으키는 주도 세력이나 동조 세력, 그 어느 편에도 서지 않고 하나님의 방법으로 안정과 평화를 위해 기도하겠다는, 지극히 목회자다운 의지를 갖고 있음을 알았기 때문이다.

사실 '기도'라는 해결 방식은 세상이 알아주지도, 인정하지도 않는 연약한 대안일는지 모른다. 세상 사람들에게는 무능하고 소극적인 대안으로 보일 것이다. 그런 점에서 어쩌면 거리에 뛰어드는 게 더 쉬울지도 모른다. 그러나 조 목사님은 남이 알아주든 말든 거리로 나가지 않고 엎드려 간구하며 하나님의 선하심을 구하셨다. 내가 성도들에게 기도 혁명을 외치고 저녁기도회를 신설하여 나라가 위태로울 때마다 금식하며 부르짖은 것도 철저히 하나님만 의지하는 조 목사님과 무관하지 않다.

조 목사님을 믿고 따르게 된 또 다른 이유는 그분의 청결함이다. 그분이 입버릇처럼 하신 말씀이 있는데, 당신이 전하는 메시지가 성경 중심에서 벗어나면 언제든지 당신 곁을 떠나라는 것이다. 인기에 영합하지 않고 오히려 경계하며 하나님을 높이는 겸허함은 조 목사님이 내가 평생을 믿고 따를 만한 멘토임에 분명하다는 확신을 주었다.

그런 까닭에 목회자로 동역하면서도 그분을 자주 찾았다. 특히 마음이 상할 때 제일 먼저 찾곤 했는데 나보다 여섯 살 어린 동생이 심장마비로 갑작스레 세상을 떠났을 때도 제일 먼저 조 목사님께 달려갔다. 어머니 앞에서도 참았던 눈물을 목사님 앞에서 터트리며 간신히 입을 열어 동생의 사망 소식을 전하자 조 목사님은 동생의 구원 여부부터 확인하고 나서 아버지처럼 등을 어루만져 주셨다. 장례를 치르고 나서 다시 찾아가자 인천순복음교회를 지교회에서 단독 교회로 독립시켜 주겠다고 말씀하셨다. 그 전에도 두어 차례 독립에 대해 말씀하셨지만, 그때마다 사양했다.

"저하고 목사님 사이에 독립이 아니면 어떻습니까?"

사실 나는 목사님과 멀어지는 게 싫어 독립을 그다지 원하지 않았다. 집사 시절에는 목사님이 가시는 곳마다 따라다닐 수 있어서 좋았다. 그런데 목회자가 되고 보니까 '내가 여의도순복음교회의 아들이 아니라 시집을 갈 수 있는 딸이구나' 하는 생각이 들어 섭섭했던 것이다. 만일 신학교 가기 전에 그것을 알았더라면 신학교에 가지 않았을지도 모른다. 아마도 항상 목사님 가까이 있는 아들 같은 존재가 되고 싶었나 보다.

그랬는데 이듬해 〈국민일보〉를 창간하던 해, 그러니까 재정이 가장 필요하던 시기에 조 목사님은 독립시켜 주겠다던 약속을 지키셨다. 그 일은 그분만이 하실 수 있는 일이라고 생각하는데 그로 인해 오해도 받았다. 몇몇 장로님들이 전화를 걸어 "조 목사님과 무슨 사이냐, 최 목사님이 어떤 사람이냐?"고 묻기도 했단다.

꿈만 크신 분이 아니라 크고 넉넉한 사랑과 인품으로 후배들을 아낌없이 지원하신 조 목사님의 결단으로 우리 교회는 지교회 가운데 독립 1호 교회가 되었고 이후 많은 지교회가 독립했다. 독립 교회로 새롭게 시작하게 되면서 별로 달라질 건 없었다. 교회 중심의 목회가 아닌 '어떻게 하면 교회가 지역사회의 부흥과 발전을 위해 동역할 수 있을까' 하며 지역사회 중심 목회의 방향을 고민하며 나아갔다.

이런 고민을 하며 기도했는데, 그때만 해도 인천은 주거 지역이기보다는 공장 지대로 인식되어 살 만해지면 서울로 떠나는 사람들이 부지기수였다. 도심 어디에도 반듯한 사거리 하나 없던 낙후된 도시였다. 하지만 자신이 살고 있는 지역에 대한 사랑과 애정을 갖는 것, 그것이 그 지역을 지키고 사는 성도들이 보여야 할 본이라는 생각이 들었다. 그래서 성도들을 향해 이렇게 외쳤다.

"이사하지 마십시오. 머잖아 서울보다 더 유명한 도시, 더 살기 좋은 도시가 될 겁니다."

이 외침이 공허한 메아리가 되지 않도록 지역 발전에 뜨거운 관심을 보이며 행동으로 옮겼다. 목회자로서 지역 발전에 일익을 담당하는 길은 다름 아닌 사회사역이라는 생각이 들었기 때문이다. 1990년 1월 1일부로 여의도순복음교회의 독립 교회로 출범하면서 인천순복음교회가 '봉사하는 교회'의 이미지를 갖도록 힘썼다. 믿음의 척도는 이웃을 향한 봉사의 삶임을 강조하며 믿음의 증거를 사회에 보여야 한다고 입버릇처럼 말했다.

실제로 이러한 지역사회 중심의 목회는 교회 봉사를 통한 간접 전도의 효과를 보여 주는 등 전도와 부흥에 영향을 미쳤다. 30여 년 동안 예수를 믿지 않은 채 살면서 교회가 사회로부터 냉대를 받은 이유를 잘 알고 있었기에, 적어도 내가 섬기는 교회만이라도 사회의 비판을 받지 말아야겠다는 생각으로 적극적인 사회사역에 임했고 이는 다시 교회 부흥을 촉진했다.

인천에 온 지 불과 10년 만에 인천순복음교회가 세계 20대 교회 안에 들 정도로 성장하는 교회 부흥의 모델이 된 것은 사회사역과 깊은 연관이 있다. 남들이 미처 손대지 않은 일, 아직 그 중요성을 인식하지 못한 일을 감당한 까닭에 교회 성장에 새로운 전형을 제공하게 된 것이다. 부족한 나를 목회자로 불러 사용하시는 하나님의 은혜를 저버리지 않기 위해서는, 목숨을 구해 준 도시에 대한 은혜를 저버리지 않기 위해서는 영혼 구원과 이웃 사랑이 최선이었음을 알려 주신 덕분이다.

1990년을 지나 지역사회와 함께 균형을 이루며 성장하는 교회가 되어 가면서 교회 내부적으로도 내실을 다져야 했다. 어느 날부터인가 교회의 대형화 사역이 세분화되면서 내 눈에 들어온 것이 있었다. 가족이 뿔뿔이 흩어져 예배를 드리는 모습이었다.

보통 자녀들은 서너 살만 되면 엄마와 떨어져 영아부에서 따로 예배를 드린다. 서너 살 때 떨어진 자녀가 다시 부모와 함께 예배를 드리게 되는 시기는 청년부 이후, 즉 결혼 이후가 된다. 그마저도 결혼과 함께 교회를 떠나게 되면 부모와 예배를 드릴 수 있는 시기는 아주 어렸을 때 3-4년에 불과하다. 모태신앙이 아닌 경우는 등록하자마자 바로 부모와 떨어져 예배를 드리니 사정이 더 안 좋다. 부모는 자녀와 따로 예배를 드리기 때문에 내 자녀가 어떤 자세로 예배를 드리는지 모른다. 떠드는지, 돌아다니는지, 엎드려 있는지, 휴대폰을 만지작거리는지 확인하기 어렵다.

우리 교회는 이 점을 보완하기로 했다. 부모와 함께 예배하고 기도하는 실물 교육을 통해 예배에 임하는 자세와 마음가짐을 가르치고 싶었다. 그래서 마련한 것이 '온새토'와 '온성금'이다. 자녀들이 학교에 가지 않는 토요일을 활용한 신앙 훈련 프로그램으로, 온새토는 온 가족이 새벽기도하는 토요일로 지키는 것이고, 온성금은 기도의 영성을 자녀에게 물려주기 위해 온 가족이 성령 충만 받는 금요 철야 기도회다.

부모와 자녀가 한자리에 모여 예배드리고 기도하는 것은 단순히 함께하는 차원을 넘어선다. 함께 예배를 드리며 부모의 예배 자세와 태도를 자녀에게 가르치고 기도의 영성을 물려주는 데 그 의의가 있다. 다소 시끄럽고 산만한 주일학교 예배 분위기와 사뭇 다른 어른들의 경건한 예배에서 아이들은 깨닫는 게 있을 것이다. 또 자녀를 위해 간절히 기도하는 부모에게서 느끼는 바가 있을 것이다. 그런 점에서

온새토와 온성금은 예배와 기도의 실물 교육이라고 할 수 있다. 온새토를 통해 성령 충만을 경험하고 기쁨을 누리는 가정을 볼 때면 지금도 곳곳에서 역사하시는 하나님의 사랑에 감사하다.

온새토와 온성금을 통해 많은 가족이 하나님을 만났고, 지금도 만나고 있다. 가족은 하나님이 세워 주신 최초의 공동체다. 가정은 하나님이 주신 복의 장소요, 진정한 안식처다. 그러므로 우리는 가정을 복의 장소답게, 진정한 안식처답게 가꾸어야 한다. 그러려면 나만 잘 믿는 부모에서 가족 모두가 잘 믿도록 이끄는 부모가 되어야 한다. 부모의 꿈과 믿음, 자녀의 순종으로 가족 천국을 만들어야 한다. 이러한 가족 천국이 교회 안에서 이루어질 때 그 선한 영향력이 지역사회로, 나아가 국가로, 인류로 퍼져나가게 된다.

하나님은 인천순복음교회를 통해 복음의 좋은 소식을 전하는 목회 기본의 방향성뿐만 아니라 어떤 방향으로 이를 확장해 나아가야 할지 생각하게 하셨고 기도하게 하셨다.

제2의 개혁,
성경적 효의
발견

"성도 여러분, 효가 살아야 교회가 삽니다. 효가 살아야 나라가 삽니다."

1995년 7월 16일 주일 설교를 듣던 성도들의 표정은 뜨악했다. 그도 그럴 것이 그 주간이 어버이 주일도 아니었고 특별한 이슈가 있는 것도 아닌데 뜬금없이 효가 살아야 한다니, 게다가 효와 교회가 무슨 상관이 있을까 의아해하고 있었다.

그즈음 인천순복음교회는 부흥 일로에 있었다. 새로 지어진 성전에서 기도하며 전도가 열매를 맺고 있었다. 그러다 하루는 목회자를 위한 교회 성장 세미나에 참석하게 되었는데, 강사로 서신 목사님이 참석자들을 향해 이렇게 호통을 치셨다.

"교회 성장 못 시키는 목사는 호래자식이야!"

당시 우리 교회의 교인 수가 5,000명을 넘어서고 있었기에 처음에는 나와 상관없는 이야기로 생각했다. 그런데 현재의 5,000명이 아니라 앞으로가 더 중요하다는 깨달음이 즉시 왔다. 5,000명에 만족해서 내적인 성장이 이뤄지지 않는다면 그것 역시 성장시키지 못한 것과 같다는 생각이 들자 정신이 퍼뜩 들었다. 성장하는 내내 애비 없는 호래자식 소리 듣지 않으려고 노력했고, 또 그런 소리를 듣지 않고 살았는데 이제 와서 호래자식이라는 소리를 들을 수는 없었다. 순간 긴장되었다.

아마 그때부터 나의 아버지 하나님께 호래자식 소리 듣지 않는 목회자가 되기 위해 어떻게 살아야하는지 생각을 참 많이 했던 것 같다. 우리 교회가 지향하는 지역 중심 목회로의 방향보다 더 근원적인 방향성, 정신적 근간이 되는 방향성이 있지 않을까 막연하게나마 생각했던 것 같기도 하다.

과연 하나님은 수년이 지난 어느 날 그 깨달음을 주셨다. 1995년 6월 29일, 강남 한복판에 있던 삼풍백화점이 무너졌다. 공사한 지 5년밖에 안 된 백화점이 맥없이 무너져 내리며 1,500명이라는 사상자를 냈다. 거짓말 같은 사건을 지켜보면서 너무나 가슴 아파하고 있는데, 절망의 현장에서 희망의 소식이 들려왔다. 매몰 현장에서 청년들이 극적으로 구출된 것이다. "하나님, 감사합니다"라는 감사의 기도가 저절로 나오면서 그리스도인이 아닐까 내심 기대했다. 그런데 알고 보니 구출된 세 명의 청년 중 단 한 명도 그리스도인이 없었다. 충격이었다. 그리고 알게 된 사실은 세 명의 청년 모두 효자, 효녀였다는 것이다. 순간 멍해졌다. '아 효자, 효녀였구나.'

그때 처음으로 '효'라는 말이 가슴으로 다가왔다. 시골에서 효자라는 말깨나 듣고 살았지만 '효'라는 말을 가슴으로 느끼긴 처음이었다. 그날 알 수 없는 힘에 이끌려 효에 대해 알아보기 시작했다. 과연 하나님은 효에 대해 뭐라고 말씀하시는지 궁금했다. 그러려면 성경을 다시 읽어야 했는데 '효' 하면 가장 먼저 떠오르는 제5계명인 "네 부모를 공경하라"에 주목했다.

이 구절을 읽는데 예전과는 다른 느낌이었다. 제5계명은 대신(對神) 계명과 대인(對人) 계명을 잇는 연결 고리면서 다른 계명과 달리 약속 있는 첫 계명이라는 사실에 주목하기 시작했다. 하나님은 부모 공경의 계명을 실천하는 자녀들에게 잘되는 복과 장수의 복(엡 6:1-3)을 주길 원하신다. 그만큼 효를 행하는 것이 하나님이 원하시는 것이며 그에 따른 열매가 있음을 의미했다. 다시 말해 부모를 향한 효는 반드시 해야만 하는 하나님의 명령이며, 가장 성경적인 인간의 도리이며, 사회 질서였다.

그동안 한국교회는 부흥 일로에서 양적 성장을 거듭하고 있었으나 신앙과 삶의 분리로 한계에 직면하고 있었다. 신앙의 생활화가 이루어져야 하는데 잘되지 않았다. 한마디로 은혜받은 교인은 많은데 말씀대로 사는 제자가 적었던 것이다. 이런 가운데 다시 발견한 성경적 효 정신이 무너진 담장을 수축하는 복음적 틀이 될 수 있겠다는 믿음이 생겼다. 효에 대한 세상의 편견을 깰 수 있겠다는 자신감이 마구 샘솟았다.

효에 관해 첫 설교를 하게 된 그날, 나는 뛰는 가슴을 안고 강단에 섰다. 우리가 무관심했던, 옛것으로만 여겼던, 기독교 사상과 멀리 떨어져 있다고 생각하던 효 정신을 강조했다. 아직은 낯설고 납득하기 어려운 성도들은 뜨악했지만 믿음을 가지고 나아갔다. 그때부터 지금까지 줄곧 한결같이 성경적 효를 말하며 효 목회를 이어 갔다.

우리 교회는 1995년부터 '성경적 효'의 실천을 외치면서 새로운 전환기를 맞았다. 당시만 해도 효는 유교의 대표적 산물로 인식되어 교회에서 효를 가르치는 게 무척 생소했다. 한국의 특수한 토양에서 교회가 효를 가르친다는 것은 위험천만한 일이었다. 그러나 삼풍백화점 붕괴 사건을 계기로 위험하다고 기피하는 일이 더 위험하다는 것을 알게 되었다.

인천순복음교회는 안타까운 사고로 끝날 수도 있었던 백화점 붕괴 사건을 말씀과 연결해 성경적 효로 승화시켰다. 우리 교회는 복음에 효의 옷을 입혔다. 성경적 효가 전해지는 곳마다 영혼이 살아나고, 사람이 살아나고, 효가 살아나는 일이 일어나고 있다. 효를 통한 가정의 행복, 효를 통한 국민과 인류의 행복은 성경적 효의 지향점이다.

말씀에
흐르는
효

효 운동을 시작하면서 효 목회에 대한 기준이 바로 서야만 했다. 그 기준은 말씀이었다. 하나님의 말씀은 일점일획도 변함이 없으시고 말씀만이 진리이기에 성경에 입각한 효 정신을 말해 주면 되었다.

명령과 더불어 복을 약속하신 효의 계명 외에도 성경에서는 예수님을 통해 효를 보여 주고 있다. 하나님의 영광을 위해 이 땅에 죄인을 구하러 오신 예수님의 삶은 그 목적부터 하나님 아버지께 대한 효다. 아버지 하나님의 영광을 위해 사명에 충성하신 것이다.

"아버지께서 내게 하라고 주신 일을 내가 이루어 아버지를 이 세상에서 영화롭게 하였사오니"(요 17:4).

"조금 나아가사 얼굴을 땅에 대시고 엎드려 기도하여 이르시되 내 아버지여 만일 할 만하시거든 이 잔을 내게서 지나가게 하옵소서 그러나 나의 원대로 마시옵고 아버지의 원대로 하옵소서 하시고"(마 26:39).

예수님은 아버지 하나님의 뜻을 이루기 위해 십자가에 달리셨고, 죽기까지 복종하셨다. 뿐만 아니라 예수님은 육신의 부모에게도 효하셨다. 아버지가 하시던 목수 일을 도왔으며 아버지를 대신하여 가족의 생계를 책임졌다. 어머니께는 더하다. 십자가에 달리시기 전, 자신의 제자 요한에게 어머니를 부탁했다. 그 후 제자가 어머니 마리아를 집에 모시고 가는 장면이 나온다. 이렇듯 부모에게 효를 행하신 결과 부활하여 승천하신 뒤 하나님 보좌 우편에 앉아 계시다가 다시 재림의 주로 오시는 생명의 길이 열렸다.

그렇기에 성경 곳곳에서 효를 말한다. 구원의 주님으로부터 효의 정신이 흘러가고 말씀 곳곳에 효를 행하도록 하여 신앙생활이 바뀌도록 하신다. 야고보 사도가 말했듯이 영혼 없는 몸이 죽은 것같이 행함 없는 믿음이 죽은 것 같지 않기 위해 효의 실천을 강조하고 있는 것이다.

"만일 어떤 과부에게 자녀나 손자들이 있거든 그들로 먼저 자기 집에서 효를 행하며 부모에게 보답하기를 배우게 하라"(딤전 5:4).

하나님은 분명히 효를 명령하신다. 다만 그동안 교회에서 효를 가르치지 않았기에 나는 이렇게 강조했다. 하나님 섬김 없는 효는 효가 아니고 부모 공경 없는 신앙은 죽은 신앙이라고 말이다.

이는 유교적 개념으로 볼 때도 그렇다. 우리 선조들은 불효자라는 말을 치욕으로 여겼다. 조선에서는 불효자를 효시(梟示)에 비유했는데 이 한자는 어미 새를 잡아먹는 올빼미에서 비롯되었다고 한다. 효자와 효부에게는 포상과 표창을 하고 불효자는 엄격하게 처벌하여 사회질서를 유지한 것을 봐도 그렇다. 우리 선조는 무소불위의 권력을 휘두르는 임금이라도 예외를 두지 않고 효를 중요시했다. 성경 또한 불효자와 하나님께 죄를 범한 자에게 똑같은 징벌, 곧 사형을 내린다는 사실을 알 수 있다.

"자기의 아버지나 어머니를 저주하는 자는 반드시 죽일지니라"(출 21:17).

"너는 이스라엘 자손에게 말하여 이르라 누구든지 그의 하나님을 저주하면 죄를 담당할 것이요 여호와의 이름을 모독하면 그를 반드시 죽일지니 온 회중이 돌로 그를 칠 것이니라 거류민이든지 본토인이든지 여호와의 이름을 모독하면 그를 죽일지니라"(레 24:15-16).

이는 불효가 다른 죄보다 죄질이 훨씬 무겁다는 뜻이다. 효를 법으로 강제하거나 불효자를 처벌하는 법 조항이 없다고 부모 공경을 소홀히 하면 안 된다는 것을 경고하는 것이다. 이러한 효 정신에 대해 말씀과 역사를 통해 공부하게 되면서 말씀을 통해 흐르는, 우리 역사와 사상을 통해 흐르는 효가 강력하게 연결되어 있음을 확신했다.

효는 한국인만의 정신도, 유교만의 문화유산도 아닌 이념과 시대와 종교와 지역을 뛰어넘어 사람이 사는 곳이라면 어디서나 받아들여길 수 있는 보편적인 가치관인 동시에 하나님의 명령으로서 반드시 지켜야 할 성경적인 정신문화라는 확신이 들었다. 그렇다면 우리부터 가장 한국적이면서도 가장 세계적이고, 가장 보편적이면서도 가장 성경적인 효를 되살려야 한다는 생각에 그에 따른 방법을 제시해야 했다. '성경적 효를 어떻게 실천할 수 있을까?'

하나님이 명령하신 효를 실천하려면 하나님이 명령하신 것을 행하면 된다. 옳은 길, 먼저 해야 할 일을 알려 주어야 한다. 이를 위해 하나님의 명령을 크게 일곱 가지로 나누었다. 먼저 하나님을 아버지로 섬기는 하나님에 대한 효, 즉 예수를 믿고 성령을 받고 전하는 명령을 지키는 것을 시작으로, 부모와 어른과 스승을 공경하는 효, 자신보다 어린 세대에 대한 효, 가족에 대한 사랑, 나라에 대한 사랑, 자연과 환경을 사랑하는 마음, 나아가 이웃과 인류를 위해 사랑을 실천하는 것이다.

이 7대 사명은 우리 교회 효 운동의 세부적인 방향이 되었다. 모두 말씀에 기초하여 효 정신을 실천할 방안이었다. 이 운동은 지금까지 이어지고 있으며 세대를 이어 가고 있는데, 효가 사는 나라를 꿈꾸며 25년을 외쳤더니 가정이 변하고 학교가 움직이고 새로운 시대정신이 싹트는 것을 본다. 과연 말씀은 세상을 바꾸는 위력이 있다.

~~~~~~~~~~~~~~~~~~~~~~~

삼통(三通)으로
이어지는
효

~~~~~~~~~~~~~~~~~~~~~~~

25년 전, 성경적 효를 외칠 때 대부분의 반응은 구경꾼처럼 듣기만 했다. 사람들은 잘 이해하지 못했고 공감하지 못했다. 아무도 가지 않는 길을 홀로 걷자니 외로웠고 힘들었다. 그때마다 힘이 되어 준 이들은 든든한 동역자인 교역자들과 효 정신을 공감해 준 성도들이다. 특히 성경적 효 정신을 실천함으로써 효가 지닌 세대와 환경을 관통하는 위력을 새삼 느끼게 해 준 하 집사님의 이야기는 두고두고 생각이 난다.

하 집사님은 시도 때도 없이 속에서 불덩어리가 올라오는 병으로 인해 오랫동안 약을 복용하던 분이다. 속에서 불덩어리 같은 게 올라오면 한겨울에도 옷을 다 벗어야 했고 심한 날에는 냉수로 샤워해도 가라앉지 않았다. 화병이었다.

울화병이 생긴 건 결혼 이듬해라고 한다. 성실한 남편에게 끌려 결혼해 시어머니를 모시고 신혼의 단꿈에 젖었다. 그러나 신혼여행에서 돌아온 날부터 신혼의 단꿈은 산산조각 났다. 시어머니는 어설픈 솜씨로 차린 새댁의 밥상이 형편없다며 발로 걷어차고, 세탁기로 돌린 빨래는 더럽다며 옷장에 걸린 옷까지 꺼내 손빨래를 강요했다. 심지어 교회에 가는 것까지 눈치를 주었다. 지옥 같은 날들이었지만 아기를 낳으면 달라지지 않을까 하는 한 가닥 희망을 품고 모진 시집살이를 견뎠다.

결혼 3년차에 바라던 아기를 낳았지만 달라지지 않았다. 희망의 끈마저 끊어지자 그동안 억눌렀던 원망이 뚫고 나왔다. 하나님과 교회, 그리고 세상을 향한 원망이 봇물처럼 쏟아지며 교회에도 가지 않았다. 구역장도 찾아오고 교구 전도사님도 찾아왔으나 문도 열어 주지 않았다. 그들도 다 한통속처럼 보여 만나는 것조차 싫었다. '당신들이 내 비참한 삶을 알기나 해? 내가 왜 이런 고통을 받아야 하냐고!'

마음의 문을 굳게 닫은 하 집사님은 구역장이 꽂아 놓고 간 〈순복음뉴스〉도 쓰레기통에 구겨 넣었고, 그 과정을 1년을 이어 갔다. 그러던 어느 날 우연히 신문을 빼 들고 들어와서 읽게 되다가 마음의 문이 열렸다. 아무 죄도 없는 예수님이 십자가에서 모진 고난과 수모, 조롱과 멸시를 받으시고 믿었던 제자들에게 배신을 당한 내용을 읽으며 하염없이 눈물을 흘렸다. 당신을 못 박은 자들을 용서하고 그 고통 속에서도 그들을 위해 기도하시는 예수님의 사랑이 가슴에 파고들어 목 놓아 울었다.

하나님을 향해 저들의 잘못을 용서해 달라고 기도한 예수님 말씀이 명치끝에 걸려 결국 다음 주 주일에 교회로 나왔다. 하지만 상황은 여전했다. 아니, 매일 효에 대해 이야기하는 교회가 전보다 더 싫었다. 다시 교회를 찾은 게 후회되었지만 구역장한테 미안해서 또다시 등질 수는 없었다. 그런데 언제부턴가 이전과는 다른 마음이 생겼다. 행함이 없는 믿음은 죽은 믿음이라며 효 실천을 강조하는 설교가 귀 언저리에 맴돌기 시작한 것이다. 부담되었고 죄스러웠다. 가정의 부활을 경험하려면 자신이 먼저 죽어야 한다는 말씀에 용기를 내 보기로 했다. '그래, 내가 죽자. 한번 해 보자.'

교회에서 오는 길이면 시어머니가 좋아하는 반찬과 과일 위주로 장을 봤다. 간식도 꼬박꼬박 챙겼다. 남편의 협조도 구했다. 퇴근 후 1시간 이상 어머니 방에서 나오지 말고 말벗을 해 드리라고 일렀다. 어머니와 아들이 같이 있을 때는 밖에서 기도했다. 꽃다운 나이에 혼자되어 아들 하나만 바라보고 평생을 사신 어머니의 심정을 이해하게 해 달라고 말이다.

8개월간 기도해도 시어머니는 꿈쩍도 안 하셨다. '아무리 해도 안 되는구나' 하며 지쳐 갈 무렵 어느 날이었다. 시어머니가 하 집사님을 불러 같이 목욕을 가자고 하셨다. 거절할까 하다가 등이나 밀어 드릴 생각으로 따라갔는데 놀라운 일이 벌어졌다.

"어미야, 그동안 네 속 곪은 것 오늘 내가 다 씻어 주마."

그러고는 며느리의 등을 밀어 주시는 게 아닌가. 하 집사님은 고개를 숙이고 소리 없이 울었다. 며느리의 등을 밀어 주고 당신의 등을 맡길 때는 "내 못된 심술 하나도 남기지 말고 박박 밀어라"고 하셨다. 그날 하 집사님은 결혼 6년여 만에 처음으로 어머니가 사 주신 점심을 먹었다고 한다. 그 후 그 가정이 어떻게 변화되었는지는 더 이상 설명할 필요가 없을 것이다. 효를 통해 변화되는 가정을 목도하며 나는 인천순복음교회에 주신 사명을 거듭 확인하곤 한다. 그들의 살아 있는 간증은 효 실천 운동에 더욱 매진하는 이유가 되었다.

동시에 성경적 효가 가진 위력에 대해 생각해 보게 되었다. '효'라고 하면 고정적인 이미지가 강해 뭔가 불통의 이미지가 있지만, 알고 보면 효는 삼통의 위력이 있다. 종교를 뛰어넘는 통교(通敎), 과거에서부터 미래까지 이어지는 통시(通時), 사상과 이념을 뛰어넘는 통념(通念)이다. 실제 효는 유교와 불교, 기독교를 관통하고 있으며, 수천 년 전 과거부터 현재까지 지속되어 왔으며 동서양의 사상과 이념을 뛰어넘는다. 종교와 세대 이데올로기를 뛰어넘고 있기에 기독교적 효 운동을 펼치면서 삼통의 위력을 말했다.

조금 더 풀어서 말하자면 효야말로 기독교에 대한 세상의 오해를 풀어 주는 도구이며, 세상과의 접촉점으로써 다른 어떤 것보다 좋은 소통의 도구다. 효를 들고 가면 복음 전하기가 쉽다. 효로 복음을 포장하면 어디에서든 누구에게든 하나님 말씀을 전할 수 있다. 성경적 효를 내세우면 어느 나라에나 갈 수 있고, 누구와도 만날 수 있다. 효를 매개로 삼으면 대화하지 못할 사람이 없다. 이러한 삼통의 정신이 있기에 효 운동이 더욱 확장될 수 있었다. 25년 전이나 지금이나 말하는 것은 늘 같다.

"21세기는 물질과 힘, 서구로 대변되는 20세기와는 달리 민족의 정신이자 하나님의 명령인 효 정신이 이끌어 갈 것입니다. 진정한 위기는 경제 위기가 아니라 정신문명의 위기입니다. 서구문화의 유입으로 개인주의, 물질주의가 사회를 병들게 했다면 효는 정신문명의 시대를 이끌어 갈 참된 정신입니다. 우리나라에는 전 세계적으로 보기 드문 부모 공경의 귀한 유산이 있습니다. 하나님이 명령하신 성경적 효 정신으로 회복할 수 있습니다. 효야말로 5,000년 역사를 가진 우리 민족의 힘의 원천이며, 가정과 교회, 사회와 나라를 살리는 삼통의 원동력입니다. 그러니 이 정신을 계승하고 실천하고 자녀들에게 가르쳐야 합니다."

효를
배우다,
가르치다

성경적 효를 외치며 교회 안에서 효의 실천을 주도하면서 어떻게 하면 효과적으로 일을 펼칠 수 있을지 고민하며 기도했다. '하나님 아버지, 어떻게 하면 성경적 효 운동을 잘 펼쳐나갈 수 있을까요.'

교회 안에서 설교를 통해 전달하는 것만으로는 인식 개선부터 힘들다는 생각이 들던 터였다. 성경적 효 실천운동을 전개할수록 효를 교육할 전문적인 지도자와 효를 연구하고 교육하고 보급할 지도자를 양성하는 동시에 교회학교를 비롯한 전국의 유치원, 초·중·고 학생들과 효행봉사단 회원들을 교육할 체계적인 교재의 필요성이 절실히 다가왔다. 국내외 통틀어 비슷한 취지를 가진 기관이나 교재는 전무

한 상태였다.

기도하던 중 가장 효과적인 것이 교육이라는 깨달음이 왔다. 교육이 무엇인가. 가르치고 습득하여 변화하도록 하는 것이니 효를 전문적으로 배우고 가르치는 교육 기관을 만들기로 했다. 당시 우리 교회는 청소년 문화센터를 건축하고 있었다. 청소년 문화센터 골조 공사가 마무리 단계에 있었는데, 그것을 활용하면 좋지 않을까 막연하게 생각하던 중 뜻하지 않은 기적이 일어났다. 1996년 7월 31일부로 교육법이 개정되어 서울 인근 지역에서도 100명 이내의 단설 대학, 단설 대학원의 설립을 허가한다는 내용이 발표된 것이다.

이게 웬일인가 싶었다. 교육법이 개정되리라곤 기대하지도 못했고, 하필 그 타이밍에 이런 발표가 나다니 과연 하나님의 적절한 때라는 믿음이 강하게 들었다. 하나님이 기뻐하시는 일이니 직접 길을 열어 주셨을 것이라 생각하며 효 실천운동은 하나님이 우리 교회에 허락하신 사명이며 기뻐하시는 일이라는 것을 다시금 확인할 수 있었다.

"효를 가르치는 대학원을 세웁시다."

우리는 대학원 설립으로 가닥을 잡았다. 원래 대학원은 대학교 안에만 있다. 게다가 대학교에서 대학원을 세우려면 수천억 원이 필요하고, 또 돈이 있다고 허가가 보장되는 것도 아니다. 그런데 이렇게 길이 열리니 단설 대학원을 설립할 기회가 온 것이다.

하나님의 간섭하심으로 청소년 문화센터 자리에 순조롭게 단설 대학원을 설립할 수 있었다. 기적 같은 일이 진행됨에 따라 교회는 축제 분위기에 휩싸였다. 하나님의 도우심과 인도하심이 아니고는 불가능한 일이라는 것을 알았던 것이다. 그렇게 설립된 곳이 국내 최초 효 전문 교육 기관인 성산효대학원대학교다. 성산이라는 이름은 시편 43편에 나오는 단어다.

"주의 빛과 주의 진리를 보내어 나를 인도하사 주의 성산과 장막에 이르게 하소서"(시 43:3, 개역한글).

성산이라는 말은 시편과 이사야, 요엘과 에스겔, 오바댜, 스바냐, 스가랴에 등장한다. 성산이라는 단어를 보면 거룩할 성(聖)에 뫼 산(山)을 쓴다. 영어로 표현하면 "Holy Mountain", 하나님이 계신 곳을 성산으로 비유한다. 예루살렘 성전이 있는 곳 혹은 시온이라고 불리는 성산을 넣어 학교 이름을 지은 것은 다름 아닌 이 학교가 성경적 효를 배우고 실천하고 가르치는 곳이라는 것을 널리 알리고 싶었기 때문이다.

성산효대학원대학교를 세우면서 이곳에서 효를 가르치고 가르침을 받은 이들이 전국 교육 기관에 파송되어 효를 가르칠 지도자로 설 것을 꿈꾸었다. 교회는 사람을 키워야 한다. 예수님이 열두 제자를 키우고 바울이 디모데와 디도, 실라를 키운 것처럼 교회도 사람을 키워야 한다. 그래야 교회가, 세상이 바로 선다.

이는 이미 우리 역사가 증명해 주고 있다. 광복 후 초대 부통령을 역임한 이시영과 그의 형 이회영, 그리고 이동녕과 이성룡 등은 빼앗긴 조국을 되찾기 위해 1911년 만주에 독립군 양성 기관인 신흥무관학교를 설립했다. 학생들은 입학과 동시에 일생을 독립운동에 바치기로 결심하고 졸업 후에는 대부분 독립군 전사나 비밀결사대원이 되어 일제와 맞서 싸웠다. 독립운동사에서 길이 남을 청산리대첩과 봉오동전투, 친일파 주구배(走狗輩) 주살 등 독립전선의 각 분야에서 주역으로 활동했다.

안타깝게도 일제의 박해와 잇단 사고로 1920년 8월에 폐교될 때까지 2,100여 명의 독립군을 배출하며 역사의 획을 그은 신흥무관학교는 이회영 일가가 전 재산을 쾌척해 세운 학교다. 애국하던 가문의 후손인 우당 이회영은 전 재산을 정리해 독립운동에 바치고 평생을 교육사업과 항일무장투쟁에 헌신했다. 지금의 시세로 따지면 수천억 원대에 이르는 재산을 아낌없이 나라를 위해, 좋은 지도자를 배출하는 교육 양성에 쏟은 것인데 과연 그의 헌신으로 우리나라 역사가 당당히 빛날 수 있었다.

성산효대학원대학교를 세운 목적도 신흥무관학교를 세운 뜻과 다르지 않다. 외피는 다르지만 국가와 사회에 공헌할 인재를 양성하는 내피는 같다. 민족의 복음화와 국가의 발전을 이끌 인재를 키우고, 전국 초·중·고등학교에서 학생들에게 성경적인 효를 가르치는 지도자를 양성하는 것이 설립 목적이다.

그래서 본교 학생의 40%가 초·중·고 교사들이며 학과 과정으로는 HYO교육학과를 비롯해 HYO성경학과, HYO사회복지학과, HYO가족상담학과, HYO아동청소년교육학과, HYO예술융합학과,

HYO한국어교육학과 등 7개 학과에서 효를 학문적으로 탐구하는 석사 과정과 박사 과정을 운영한다.

지식을 알고만 있으면 소용이 없다. 널리 알려 가르쳐서 사람을 키워 내야 하기에, 성산효대학원대학교에서는 사람을 키워 각 지역과 삶의 현장으로 효 지도자를 파송했다. 그들은 학교에서 배운 성경적 효를 일터와 삶 속에서 가르치고 실천하며 가치를 재생산해 냈다. 과연 좋은 지도자를 배출하는 일이 후손을 위하고 세상을 바꾸는 작업임을 알게 되었다.

처음에 학교가 세워졌을 무렵 오해도 많이 받았다. 효대학원을 노인대학으로 오해한 인근 주민들이 많았던 탓에 노인대학이 아니라 효를 연구·교육하여 지도자를 양성하는 학교라고 수차례 설명해야 했다. 그도 그럴 것이 요즘 시대에 효를 전문적으로 가르치고 연구하는 학교가 있다는 게 선뜻 이해되지 않았을 것이다. 그럼에도 성산효대학원대학교는 설립 이후 꾸준히 인재를 양성하여 효 지도자로 파송했고, 세계 최초로 효학박사를 배출하는 등 교육 기관으로써 뿐만 아니라 실천 기관으로써도 역할을 해 냈다.

특별히 성산효대학원대학교는 국가 차원에서 장려하는 '효'에 관한 법률 제정에 힘을 쏟았다. 효도하는 것을 반대하는 사람은 없지만 효를 실천하는 사람은 드물다. 그래서 국가 차원에서 효를 장려하고 노인을 보호하여 삶의 질을 향상시키려는 것이 '효행장려 및 지원에 관한 법률'이다. 법률로 제정되는 것이 그만큼 실천과 직결되므로 이를 위해 시간과 노력을 들여 자료를 만들고 수차례 사람들을 만나며 설득한 결과 2007년 7월 2일, '효행장려 및 지원에 관한 법률'이 국회 본회의에서 반대표 없이 통과되었다. 이 법이 통과되던 날, 목사 안수를 받은 날이나 결혼식을 올린 날보다 더 기뻤다. 그날의 감격과 기쁨은 두고두고 잊지 못할 것이다.

효행장려법은 빠르게 진행되는 고령 사회에 대처하기 위한 일환이기도 하다. 우리나라는 지난 2000년에 고령화 사회에 진입한 데 이어 2020년 현재 이미 초고령 사회로 임박하게 들어서고 있다. 노인 인구의 증가는 곧 노인 문제가 사회 문제로서 심각한 지각 변동을 일으킬 것을 예고하는 것이라서 국가 차원의 대책이 필요하다. 해마다 노인 학대가 증가하고 있고, 얼마 되지 않는 기초 노령 연금이나 품일로 근근이 살아가는 노인들이 늘어나고 있다. 전체 노인의 절반 가량이 극심한 외로움과 빈곤에 시달리는 것으로 추정되는데, 이것이 초고령 사회를 눈앞에 둔 우리의 현주소다.

지금의 노인들은 광복과 6·25 전쟁을 겪고 위기에 처한 국가를 위해 헌신적으로 일한 참으로 불행한 세대다. 일생을 던져 오늘날의 한국 사회를 지켜 낸 세대들에게 사회는, 그리고 후손들은 당연히 그들의 노후를 책임져 주어야 한다. 성산효대학원대학교의 설립은 사회의 책임을 함께 짊어지겠다는 의지와도 같다. 효행장려법 제정은 그런 점에서 큰 도움이 되는 동시에 사회의 큰 틀이 되었다고 생각한다.

성산효대학원대학교 설립은 우리 교회에 허락하신 효 운동의 첫 번째 발걸음이라 할 수 있다. 하나님의 기가 막힐 타이밍에 기가 막힌 방법으로 이끌어 가셨기에 숨 가쁘게 달려왔지만 누구도 예상하지 못했던 효 운동이 펼쳐질 수 있었다. 하나님이 함께하시니 생각이 바뀌고 교회와 학교, 사회가 움직였다.

많은 사람을 갸웃거리게 만든 성산효대학원대학교는 현재 중국 요녕성 민족경로대학교와 길림성 연변대학 사범분교를 세우는 한편 미국 유수의 대학교와 자매결연 하여 성경적 효 사상을 세계에 보급하고 있다. 지구상에 하나밖에 없는 효 학교, 세계 최초의 효학과를 탄생시킨 성산효대학원대학교가 앞으로 효학 관련 분야의 명실상부한 중심지가 될 것으로 믿는다.

사랑하면
보인다

효의 실천을 강조하면서 우리 교회는 거대한 사회복지관이 되었다. 우리 스스로가 부른 게 아니라 사람들이 그렇게 부른다. 어떤 분은 "별 걸 다하는 교회"라고도 말한다. 틀린 말은 아닌데 하다 보니 그렇게 된 것이다. 애초에 작정하고 사회복지에 뛰어든 것도 아니고 유별난 사역에만 집중한 것도 아니다.

효라는 것이 무엇인가. 사람에게 요구되는 윤리일 뿐 아니라 하나님의 아들이신 예수님이 행하신 도리이기도 하다. 하늘 아버지께 복종하고 지상 아버지께 순종하는 것, 고아와 과부, 병든 자와 가난한 자와 같이 사회적 약자를 품고 사랑하신 도리를 닮는 것이다.

그러한 도리를 다하려다 보니 교통정리와 거리 청소, 하천 청소로 봉사가 시작되었다. 그런데 어느 날 돌아보니 덩치가 커져 있었다. 덩치만 커진 게 아니라 독특하기까지 했다. 봉사를 처음 시작했을 때만 해도 이렇게 다양한 사회사역을 하게 될 줄 몰랐다. 성령님이 감동을 주시는 대로 했을 뿐이다.

예를 들어 홍수가 나면 수재민을 도왔고, 전쟁미망인이 되어 평생 수절하신 어머니를 떠올리며 전쟁미망인을 도왔다. 젊은 시절 어렵게 공부한 기억을 떠올려 소년·소녀 가장과 결연을 맺고, 피가 부족해 수입한다는 기사를 읽고 1년에 두 차례씩 헌혈을 하고, 결식노인에 대한 안타까움을 무료급식으로 연결했다. 나의 지난한 과거와 평생 수절하신 어머니의 삶을 지켜보며 느끼고 경험한 것을 교회 밖으로 흘려보낸 것이 한 가지, 한 가지 늘어난 것이다. 교회 재정이 어려워도 예수님의 사랑을 세상에 흘려보내며 이웃 사랑을 실천하는 게 교회 본연의 모습이기에 그만둘 수 없었다.

사랑하면 보이는 법이다. 아기의 울음소리만 듣고도 무엇이 필요한지 금방 알아차리는 어머니처럼 말이다. 사랑의 마음으로 다가서니 남들이 미처 생각하지 못하는 일에 손을 대게 되었고 사회의 그늘진 곳이 보였다.

쓸쓸하게 노년을 보내는 홀몸노인을 돕는 일의 출발은 무료급식이었다. 우리 교회에서 어려운 이웃을 위해 무료급식을 시작하게 되었는데, 무료급식을 하면서 몸이 불편한 노인들은 급식 장소로 나오기 어렵다는 사실을 알게 되었다. 그래서 '1구역 1세대 후원'을 시작했다. 개인이나 단체로부터 어떠한 도움도 받지 못하는 홀몸노인들을 선별해서, 보통 4-7명으로 구성된 구역원들이 돌아가며 일주일에 한 번씩 방문하여 청소와 빨래를 돕고 말벗이 되어 주도록 했다.

교회는 쌀을 제공하고 구역에서는 김치와 밑반찬, 간식 등을 준비해 갔다. 사회에 공이 있든 없든 노인은 우리 모두의 어른으로 공경받아 마땅한데, 이 봉사를 시작해 보니 홀몸노인들 중 상당수가 공경은커녕 기본적인 생활조차 힘겹다는 사실도 알게 되어 가슴이 아팠다. 이런 현장을 알아야 더 잘 도울 수 있다는 생각으로 열심히 봉사했다.

드문 경우지만 이런 일도 있었다. 1구역 1세대 후원을 시작하게 된 박 구역장님이 건네받은 주소지는 부유층이 사는 넓은 평수의 아파트였다. '주소가 잘못 기재된 것은 아닐까', '방 한 칸을 얻어 세를 사시나' 하는 궁금증을 안고 방문했다. 반갑게 맞아 주시는 할머니는 고급 가구로 장식된 넓은 집에서 혼자 사셨다. 주소가 잘못된 것도 아니고 세를 사는 것도 아니었다. 할머니는 어엿한 집주인이었으나 홀몸노인이었다. 어디를 봐도 도움받을 만한 분이 아니어서 조심스레 여쭈었다.

"나는 경제적인 도움이 필요한 게 아니에요. 사람이 그리워요. 그러니 자주 와 줘요."

아무도 찾아오지 않는 집, 그 속에서 고독하게 죽어 가는 노인들이 많다는 기사가 현실로 다가오는 순간이었다. 영화배우 김진규 씨의 아내이자 영화배우인 김보애 씨가 자신의 책에서 노인들이 얼마나 친구가 필요한지 한 시대를 풍미했던 대선배와의 대화를 통해 말했다.

"내게도 딱 한 명 친구가 있지."

"그게 누구예요?"

"그림자야. 해가 뜨면 어김없이 찾아오는 내 친구지. 내가 일어나면 일어나고 내가 누우면 저도 눕고. 그런데 구름 끼고 비 오면 오질 않아. 그래서 난 비 오는 날이 제일 싫어, 친구가 없으니까."

그림자를 단 한 명의 친구로 삼고 외로움으로 몸서리치는 노배우의 말이 황량하기 그지없다. 박 구역장님이 만난 어르신의 경우도 다르지 않을 것이다. 이 일을 계기로 우리는 경제적인 도움 못지않게 정을 나누는 일이 필요하다는 사실을 인지하고 어르신을 공경하는 일에 마음을 더욱 내어 드려야겠다 마음먹었다. 시대가 변화할수록 세상이 빨라질수록 노인들의 외로움과 빈곤을 외면해선 안 된다.

어떤 목사님은 청년들만 보면 가슴이 뛴다고 하고, 누구는 장애우만 보면 가슴이 저민다고 한다. 청년사역과 장애우사역이 그들의 사명일 것이다. 나는 노인만 보면 눈물이 핑 돌며 가슴이 욱신거린다. 의도하지 않아도 감정이 먼저 안에서 신호를 보낸다. 노인과 관련된 사명이 내게 있기 때문이다.

어려서부터 어른들에게 버릇없다는 소리를 듣지 않으려 애를 썼고 그로 인해 누가 보든 안 보든 언행에 신경쓰다 보니 어른 공경 사상이 저절로 스며든 것도 같지만, 하나님이 노인을 향한 긍휼한 마음을 더 많이 주셨기 때문이라는 걸 안다. 그렇지 않고서야 노인들을 보면 괜히 마음이 짠하고 뭔가 돕고 싶은 마음이 들겠는가. 그래서 효 운동을 하면서도 노인 공경에 대한 실천에는 더욱 애착을 가졌던 것 같다. 이는 하나님의 명령이기도 하다.

"너는 센 머리 앞에서 일어서고 노인의 얼굴을 공경하며 네 하나님을 경외하라 나는 여호와이니라"(레 19:32).

하나님은 돈 많은 노인이나 힘 있는 노인 앞에서 일어서라고 하지 않았다. 노인이라는 이유 하나만으로 그저 존경하라고 하셨다. 노아나 아브라함, 모세처럼 성경의 위대한 역사를 이룬 위인들이나 놀라운 세계의 역사를 이루어 낸 위인들이 노인으로서 남긴 업적을 존경할 수도 있지만 그리 아니할지라도 노인은 노인이라는 이유로 존중해야 할 것을 명령하셨다. 노인을 공경하는 것이 신앙이기 때문이다.

노인을 향한 공경심과 사랑이 더해지니 섬김의 장은 넓혀졌다. 후미진 곳에서 도움의 손길을 기다리는 사람들을 만났고 그들을 외면할 수 없었다. 하나님이 사랑의 마음을 주시지 않았던들 이렇게 다양한 방법으로 지역사회를 섬기지 못했을 것이다.

무료급식에서 홀몸노인 돌보기로 발전한 노인 사랑은 효도 관광과 효 잔치, 김장 담가 주기로 이어졌으며, 설날에는 지역 어르신들에게 세배한 뒤 세뱃돈을 드리는 섬김으로 발전했다. 성인 두 명과 청소년이나 청년 한 명, 어린이 한 명으로 구성된 4인 1조 세배팀이 극빈자와 홀몸노인을 찾아가 세배와 함께 세뱃돈을 드리는데, 명절이면 더욱 쓸쓸해할 노인들에게 자식의 심정으로 찾아가 명절의 즐거움과 명랑한 분위기를 한껏 선사해 드렸다.

1998년부터 매년 5,000여 명의 성도들이 4인 1조 팀을 이루어 교회에서 준비한 세뱃돈을 1,200여 명의 노인에게 5만 원씩 전달했다. 명절 음식 준비로 바쁜 중에도 기꺼이 행사에 동참하는 성도들이 그지없이 고맙다. 명절에 성도들이 참여하는 게 쉽지 않지만 어린이와 청소년, 그리고 성인으로 구성된 세배팀 봉사가 아이들에게 더할 나위 없는 실물 교육이 되기 때문에 추진했다. 그 어떤 윤리 수업보다 훨씬 효과적이고 감동적인 시간이기 때문이다.

과연 실전 교육은 주효했다. 홀몸노인을 방문해 청소를 돕고 노인들의 어깨와 다리를 주무르고 세배를 하고 세뱃돈을 드리는 경험을 통해 아이들은 '함께' 사는 사회를 배웠다. 약한 자를 돌보고 하나님의 돈을 선하게 사용하는 청지기적 물질관을 체득해 나갔다. '나'에서 '이웃'으로 삶의 시야가 확장되고 '소유'에서 '나눔'으로 가치관이 전도됐다. 이러한 경험이 훗날 어떤 형태로든 적극적인 사회 참여로 나타날 것으로 믿는다.

인천순복음교회의 눈에 띄는 사역 중 하나로 '큰절하기운동'이 있다. 큰절하기는 어른 공경의 연장선에 있는 교회적, 범시민적 캠페인이다. 큰절은 존경을 표시하는 최고의 예법이다. 무릎을 꿇고 머리를 조아리는 큰절은 부모님을 높이고 자신을 낮추는 예의와 존경의 표현이다. 그래서 큰절의 의미를 제대로 아는 사람은 아무에게나 함부로 무릎을 꿇지 않는 기개가 있다.

우리 부부는 가까이 사는 큰아들 내외와 손자들에게 매일 저녁 큰절을 받고 있다. 조금 떨어진 곳에 사는 작은아들네 손자 손녀들과 딸아이 내외는 일주일에 한 번 정도 집에 들르며, 집에 오면 반드시 큰절부터 한다. 돌이 지난 뒤부터 가르친 덕에 손자 손녀들도 큰절이 목례만큼 익숙하다. 아들과 며느리, 딸과 사위, 그리고 손자 손녀들이 큰절을 하면 내가 축복기도를 해 준다. 야곱이 요셉의 두 아들에게 축복기도를 해 주고, 믿음의 위인들이 자녀의 미래를 위해 축복했던 것처럼 나도 손자 손녀들을 축복해 준다. 자녀는 부모가 축복한 대로 성장한다. 부모가 자녀를 위해 복을 빌어 주는 대로 하나님이 그 축복을 듣고 복을 내려 주겠다고 약속하신다.

"내 이름으로 이스라엘 자손에게 축복할지니 내가 그들에게 복을 주리라"(민 6:27).

그래서 나는 큰절하는 시간을 자녀와 손자를 축복하는 시간으로 활용한다. 축복기도가 끝나면 나와 아내의 무릎을 서로 차지하기 위해 쟁탈전이 벌어진다. 먼저 달려온 녀석은 무릎에 앉자마자 볼에 뽀뽀를 하며 으스댄다. 그러면 나는 으스러지게 껴안는 것으로 화답한다. 하루의 피로가 말끔히 가시는 동시에 우리 집이 가장 활기찬 시간이다.

매일 받는 큰절은 함께하는 시간을 일상으로 만들어 놓았다. 특히 같은 아파트에 사는 큰아들 가정의 경우 큰절하러 갈 수도 있고 안 갈 수도 있는 것이 아니라, 매일 자기 전에 반드시 해야 하는 일로 손자들에게 인식되었다. 그래서 큰아들은 아이들과 함께 큰절을 하기 위해서라도 되도록 아이들이 잠들기 전에 귀가한다. 좋은 습관은 좋은 결과를 부르는 법이다.

큰절은 단순히 큰절로 끝나지 않는다. 나와 아이들은 큰절을 하면서부터 거리감이 좁혀졌다. 전에는 나를 어려워하던 아이들이 편하게 대하고 어려운 일을 먼저 의논해 온다. 큰절을 하기 위해서라도 집에 자주 들르면서 생긴 변화다. 부모를 존경하는 인격자로 만드는 큰절은 끈끈한 가족애와 소통의 통로가 되었다.

실제로 큰절하는 운동을 통해 성도들의 생각과 습관도 변화가 생겨났다. 효에 대해 불신을 가지고 있던 이들이나 시큰둥하게 여겼던 성도들이 바뀐 것이다. 한 집사님은 특별한 날에 담임목사인 내가 모든 성도들 앞에서 큰절하는 모습을 보며 '진정한 효가 이런 모습이구나' 하고 생각했다고 한다. 효는 아랫사람이 웃어른에게 행하는 것으로만 생각했던 고정관념이 바뀌며 효가 실제적으로 다가왔다며, 진정한 효는 사랑의 실천이라는 생각으로 살아가고 있다는 간증이었다.

잘 모르는 사람들은 우리 교회의 이 같은 튀는 사역을 의아하게 바라본다. 아무도 생각하지 못한 일, 누구도 시도하지 않은 일을 교회가 나서서 하는 게 이해되지 않는다는 태도다. 그러나 사랑하면 튀는 법이다. 요즘 젊은이들의 프러포즈하는 방법을 보라. 아무도 생각하지 못한 방법으로, 누구도 시도하지 않은 기발한 아이디어로 프러포즈를 한다. 갖은 방법과 비용을 지불하며 프러포즈하는 이유가 무엇일까?

대답은 뻔하다. 사랑하기 때문이다. 사랑하는 사람을 기쁘게 해 주기 위해 참신하고 창의적인 프러포즈를 기획하는 것이다.

　우리 교회는 튀기 위해 기발한 봉사를 하지 않는다. 효는 곧 사랑이라는 생각으로, 순수하게 사랑하기에 그 사랑을 실천할 뿐이다. 다만 그 사랑이 독특하게 보여지는 건 사랑하기 때문에 기발한 아이디어가 샘솟는 것이라고 생각해 줬으면 좋겠다.

사랑하면 보이는 법이다.
사랑의 마음으로 다가서니
남들이 미처 생각하지 못하는 일에 손을 대게 되었고
사회의 그늘진 곳이 보였다.

효가
빛나다

아무리 좋은 것도 남의 이야기가 아니라 '나의 이야기'가 되고 '역사'가 되려면 사건에 적극 개입해야 한다. 예수님의 십자가 사건 현장에는 수많은 사람이 있었다. 구경꾼도 있었고 조롱하는 무리도 있었고 무관심한 이들도 있었다. 수많은 사람 중 한 사람, 로마 백부장은 십자가 사건에 적극적으로 개입하여 구원을 받았다. "예수님은 하나님이시다"라는 고백을 통해 구원받은 백부장은 남의 이야기로 머물 뻔한 십자가 사건을 자신의 구원의 역사로 승화시켰다.

효 운동을 전개하면서 수많은 이야기가 나왔다. 남의 이야기가 아닌 자신의 이야기가 속속 나오면서 효 운동은 역사가 되어 갔다. 우리 교회는 매년 '효행상'을 시상하는데 수상자 가운데 30여 년을 한결같은 마음으로 어머니를 공경한 안 집사님의 이야기는 많은 귀감이 된다.

안 집사님은 19년 전 불의의 교통사고로 남편을 잃었다. 남편을 잃을 당시 안 집사님은 불신자였다. 갑작스런 사고로 남편을 잃고 억장이 무너지는 슬픔과 절망감 때문에 너무나 괴로웠다. 특히 바람 불고 비가 오는 날이면 남편이 현관문을 열고 불쑥 들어올 것 같아 견디기 힘들었다.

그 무렵 주위에서 안 집사님을 전도했다. 밖에 나가면 사람들이 자신을 이상한 눈으로 쳐다보는 것 같아 외출도 못하고 집에만 있을 때였다. 주변의 계속된 권유로 어렵게 교회를 찾았다는데, 하나님은 작정하신듯 첫날부터 은혜를 부어 주셨다. 첫 예배에서 이전에 경험하지 못한 평안과 위로를 느끼면서 주체할 수 없는 눈물을 흘렸다. 그후 교회만 가면, 말씀을 듣기만 하면 가슴 저 밑바닥에서부터 알 수 없는 기쁨과 희망이 목까지 차올랐다. 환경은 여전하고 달라진 건 없지만 이상하게 기쁨이 샘솟았다.

하나님은 안 집사님에게 그렇게 찾아오셨다. 환경을 초월하는 평안과 기쁨으로 오시는 하나님을 만나면서 그분의 살아 계심을 믿게되었다. 안 집사님은 시어머니께 하나님을 소개했다. 사고 직후 시동생이 시어머니를 모셔 가겠다고 했지만 그동안 함께 산 세월이 있는데 그럴 수 없다며 시동생을 막아섰다. 하나님이 그 마음을 어여삐 보시고 첫날부터 그토록 은혜를 퍼부어 주신 모양이다.

하지만 며느리에게 복음을 들은 어머니는 "네가 교회 가는 건 말리지 않으마. 하지만 나더러 교회 가자는 말은 하지 마라" 하고 처음부터 못을 박으셨다. 시어머니께 교회 가자는 말을 못하게 되자 설교를 그대로 옮기는 방법을 택했다. 주일예배와 수요예배, 철야예배와 구역예배 말씀을 부지런히 실어 날랐다. 고부관계는 좋은 편이지만 여느 인간관계가 다 그렇듯 항상 좋을 순 없었다. 때때로 섭섭하거나 크고 작은 충돌과 고비도 있었다. 그때마다 부모 마음을 서운하게 하지 말라는 설교 말씀을 기억해 내고 어머니 입장에서 생각하려 애썼다.

어머니는 어머니대로 며느리에게 양보를 많이 하셨지만 좀처럼 예수님을 영접하지 않았다. 교회 다닌 지 3년째 되던 해, 안 집사님은 2박 3일 일정으로 기도원에 갔다가 내려오게 되었다. 그런데 문을 열고 들어서니 시어머니가 목멘 음성으로 "네가 없으니까 집이 텅 빈 것 같더라"고 말씀하시며 손을 잡고 우셨다.

'어머니가 나를 많이 의지하고 계셨구나. 그것도 모르고 혼자만 살겠다고 기도원에 갔으니….' 어머니의 외로움을 뒤로하고 혼자만 살겠다고 집을 비운 게 죄스러워 함께 울었다. 그런데 그날 이후 어머니가 변했다. 자진해서 교회에 나오신 것이다. 시어머니께 설교를 옮기는 3년 동안 하나님의 은혜가 시어머니께 충만히 임했던 것이다.

지금 시어머니는 혈압과 당뇨, 관절로 인해 몸이 많이 불편해서 안 집사님의 극진한 간호를 받고 계시다. 특히나 시어머니에 대한 어머니의 공경을 봐 온 아들은 멋진 어른이 되었다. 초등학교 2학년이던 아들은 엄마가 할머니를 어떻게 모셨는지, 어떤 고생을 했는지 모두 보며 자랐다. 그래서인지 엄마와 할머니를 끔찍이 여긴다. 엄마와 할머니를 위한 일이라면 희생하기를 마다하지 않는 효자 청년으로 성장했다. 형편이 어려워 자신의 공부는 잠시 휴학하면서도 엄마의 공부는 적극 지원하고 도와준 속 깊은 청년이었고 지금도 효를 실천하며 살고 있다. 안 집사님은 "가난 속에 효가 있다는 옛말이 맞다"고 말하지만, 내 생각에는 "효자 집에 효자 난다"는 속담이 적절해 보인다.

남편을 먼저 떠나보낸 상황에서 시어머니를 모시고 살며 그 영혼을 주께로 인도하고 병든 노구를 간호하며 가족을 부양하는 안 집사님의 삶은 결코 평범한 것이 아니다. 살다 보면 제 속으로 난 자식 하고도 마음이 안 맞을 수 있고, 제 부모에게도 섭섭할 때가 있다. 부모 자식 간이라도 항상 좋을 수는 없다. 그래서 사람들은 고부 갈등을 당연한 것으로 이해한다. 그러나 안 집사님은 시어머니 마음을 서운하게 하지 않으려 웬만하면 양보했고, 효에 관한 반복된 설교를 잔소리로 듣지 않고 시어머니 입장에서 한 번 더 생각하는 새로운 습관으로 만들었다.

하나님은 어려운 형편에도 최선을 다해 어머니를 공경한 안 집사님을 위해 놀라운 일을 예비하셨다. 오랫동안 해 온 문구점을 정리하게 하시더니 성산효대학원대학교에서 요양보호사 자격증을 취득하게 하셨다. 안 집사님은 요양보호사 일을 잘해 내셨다. 어머니와 함께 살면서 노인들의 마음을 이해하는 법을 배웠고, 어머니를 간병하면서 아픈 노인들을 보살피는 법을 익혔고, 교회에서 들은 성경적 효를 통해 말씀으로 격려하고 위로하며 노인들의 친구가 되었기 때문이다. 이 정도면 병든 노인들의 영과 혼과 육을 돌보는 다정한 친구로서 손색이 없을 것이다. 하나님이 주시는 사명은 멀리 있지 않다. 삶 가까이에 있다.

이렇듯 효를 통해 사명을 발견한 안 집사님 같은 성도들이 곁에 있어 감사하다. 교회가 하는 운동에 반대하지 않고 따라와 준 성도들과 성도들을 독려하고 이끈 교역자들이 있어 고맙다. 어떤 운동, 어떤 사역을 하더라도 있는 그대로 받아 주고 연합해 준 이들이 있어서 사역의 장을 넓힐 수 있었다. 인천순복음교회의 독특하고 다양한 사역과 부흥은 성도들과 함께 이룬 것이지 나 혼자 힘으로 이룬 게 결코 아니다.

수년 전 제자훈련의 한 팀과 식사를 할 기회가 있었다. 30대 중·후반 집사님들로 구성된 팀이었다. 교회 중직들과는 자주 식사를 하지만 현장에서 발로 뛰는 젊은 집사님들과는 오랜만에 갖는 자리라서 내심 반가웠다. 시종 화기애애한 분위기에서 많은 이야기가 오갔다.

식사를 마치고 자리를 뜨기 전 한 분씩 기도를 해 주는데 목이 메었다. 교회 규모가 커지면서 일선에서 뛰는 일꾼들을 챙겨 주지 못한 것이 미안해서였다. 돌아오는 차 안에서 함께 식사한 몇몇 집사님의 문자를 받았다.

'목사님, 바쁘신 중에 시간을 내 주셔서 감사합니다. 가까이에서 목사님을 뵈니 친정아버지를 뵈는 것 같았어요', '목사님이 저희 친정아버지 같아요. 목사님 말씀처럼 교회의 힘이 되겠습니다.' 문자를 보고 고마워서 또 목이 메었다. 다음날 새벽기도 시간에 집사님들이 보낸 문자를 성도들에게 읽어 주었다. 식사 자리에 초대해 주고 나를 친정아버지처럼 친근하게 여겨 준 집사님들과 교역자들에 대한 고마운 마음을 함께 나누고 싶어서였다.

이처럼 인천순복음교회 효 운동의 일면에는 효의 역사를 이루어 가고 있는 주역들이 있다. 곳곳에 포진하여 예수님의 사랑을 닮아 효라는 이름으로 실천되고 있다.

하나님이 주시는 사명은 멀리 있지 않다.
삶 가까이에 있다.

효 운동이
맺은
성령의 열매

나에게 잊지 못할 스승이자 멘토가 두 분 계
시다. 한 분은 나를 신앙의 길로 인도하시며 지금껏 신앙의 멘토가 되
시는 조용기 목사님, 또 한 분은 목회자로서 세부적인 그림을 그리게
도와주신 유상근 박사님이다. 명지학원의 설립자이며 명지대학교 전
총장이신 유 박사님은 신앙의 삶을 보여 주신 모교의 스승이다. 그분
은 제자들을 교육하실 때도 삶으로 가르치셨는데, 그분의 봉사와 사
랑 실천의 삶에서 참 많은 감동을 받았다.

그분은 늘 '건강한 신자는 건강한 시민이 되어야 한다'는 지론대로
행동하셨기에, 항상 산학협동을 주장하시며 교실에서 공부한 이론이
산업 현장에서 실습으로 실천되어야 한다고 강조하셨다. 이론을 현

장에 적용해야 이론이 빛을 발하고, 말씀을 삶에 연결해야 말씀이 능력이 된다는 것이다. 유 박사님의 신앙과 학문을 한마디로 압축하면 '실천'과 '실용'이다. 인천순복음교회를 사역하면서 성경적 효 실천운동을 실천해 나가게 되는 과정에서 유 박사님의 실천과 실용 정신은 큰 힘이 되었다. 인천순복음교회의 7대 사명과 성경대로 믿고 성경대로 사는 삶에 근거한 성경적 효 실천운동은 유 박사님의 사상이 체화된 것이라 할 수 있다.

좋은 멘토를 만나게 해 주신 하나님 은혜로 성경적 효 실천운동이 점점 탄력을 받으면서 열매가 맺혀졌다. 처음에 "웬 노인대학이요?" 하며 의아해하던 이들이 효 전문 교육 기관을 인지했고, 효에 관한 인성 교육을 나라에서 인정해 주며 효 관련 법령이 만들어지는 등 안팎으로 열매가 보였다. 효에 몸 바친 목사라는 수식어도 교계뿐만 아니라 사회적으로도 조금씩 알려지기 시작하다 보니 나름 보람도 느끼게 되었지만 물론 아직도 가야 할 길은 멀었다.

효를 강조하고 효를 외치며 살아오던 어느 날, 정작 내 어머니께 효를 다하지 못한 것을 깨닫게 되었다. 어머니는 71세의 일기로 하나님의 부르심을 받고 천국에 가셨다. 그날은 어머니의 생신날이었다. 돌아가시기 1년 전 고희 잔치를 안 하고 넘기며 다음 해 생신 잔치를 해 드리겠다고 약속했는데 하필 그날 돌아가신 것이다. 성도들에게 부담을 주지 않으려, 또 모범을 보이려 고희연을 열지 않은 것인데 그렇게 홀연히 떠나실 줄은 몰랐다. 언제나 내 편에서 아들 생각만 하셨던 어머니와는 달리 나는 내 입장만 생각하다 기회를 영영 놓쳐 버린 것이다. 더구나 젊은 나이에 혼자되어 평생을 외롭게 사신 어머니의 빈 가슴을 몰라도 너무 몰랐다는 사실에 무척 죄스러웠다. 어머니도 어머니이기 이전에 여자라는 사실을 왜 진즉 생각하지 못했을까, 가슴이 옥죄듯 너무 아팠다.

불현듯 어머니에 대한 기억 하나가 떠올랐다. 중학교 졸업식 날 나는 6개월 치 공납금을 내지 못해 졸업장을 받지 못했다. 어머니가 돌아서서 눈물을 훔치셨다. 연약한 몸으로 농사를 지으면서도 힘든 기색을 보이지 않던 강한 어머니가 중학교 졸업장 때문에 눈물을 보이신 것이다. 어린 마음에 그까짓 졸업장 안 받으면 그만이라고 생각했지만 어머니께는 그까짓 졸업장이 아니었다.

중학교를 마치고 외가에서 농사일을 배울 때 어머니는 졸업장을 들고 찾아오셨다. 어떻게 마련하셨는지 6개월 만에 밀린 공납금을 들고 학교에 가서 졸업장을 받아 오신 것이다. 그날 나를 앉혀 놓고 "네가 중학교라도 졸업해야 나중에 네 애비를 만나도 떳떳할 수 있지 않겠냐?" 하셨다. 아버지 앞에 떳떳한 아내로 남고 싶다는 마음을 어머니는 그렇게 보이셨다. 그 돈을 모으기 위해 어머니가 얼마나 아끼고 구슬땀을 흘리셨을지 잘 안다. 자식을 위해 기꺼이 밑거름이 되어 주신 그 사랑을 너무도 잘 안다. 애비 없는 호래자식 소리 듣지 말라고 엄하게 가르치셨던 어머니 덕분에 목회자가 되어 교회 부흥을 위해, 성경적 효 실천운동도 해낼 수 있었다. 그 어머니가 내 곁을 떠나신 것이다. 그 어머니를 황망하게 떠나보냈다고 생각하니 괴로웠다. 더 이상 효 운동을 할 자신이 없었다. 불효자라는 생각에 괴로웠다.

그러던 어느 날, 꿈에서 어머니를 뵈었다. 반갑기도 하지만 뵐 낯이 없어 가만히 서 있는데 어머니가 이러신다.

"최 목사, 여긴 거기보다 더 좋아. 자넨 효자야. 자네가 전도해서 이곳에 오게 되었으니 누가 뭐래도 자넨 효자야."

괴로워하는 아들을 위해 꿈에 찾아오셔서 아들을 위로하시는 어머니의 진한 사랑에 목이 메었다. 꿈속에서, 꿈에서 깨어나 얼마나 울었는지 모른다. 꿈속에서도 자식을 위로하며 힘을 주시는 어머니가 너무 감사했다. 꿈을 통해 내 마음을 만져 주시는 하나님의 사랑이 너무 감사했다. 그날 이후 하마터면 슬럼프에 빠질 뻔한 효 운동을 다시 일으켜 전개할 수 있었다. 위기에서 건져 주신 하나님 아버지께 감사드리고, 괴로움에서 벗어나게 해 주신 어머니께 감사드린다.

"자넨 효자야"라는 어머니의 한마디는 세상 그 어떤 위로보다 강력했다. 나는 이 말씀을 하나님 아버지께도 듣고 싶었다. 그래서 그날 이후 틈날 때마다 과연 나는 하나님 아버지의 마음을 읽어 드리고, 기쁘게 해 드리고, 말씀에 순종하는 목회자인지 스스로를 점검하게 되었다. 혹여 내 열심에 취해 하나님 아버지의 음성을 놓치는 우를 범하고 있지는 않은지 계속 돌아보게 되었다.

우리는 부모님께 효자가 되어야 함은 물론이거니와 하나님 아버지께도 효자가 되어야 한다. 하나님은 좋으신 아버지이시다. 하나님은 손수 우리를 지으시고, 최고의 사랑으로 우리를 기르시며, 불꽃같은 눈으로 지키시는 아버지이시다. 시편 기자는 찬양한다.

"여호와가 우리 하나님이신 줄 너희는 알지어다 그는 우리를 지으신 이요 우리는 그의 것이니 그의 백성이요 그의 기르시는 양이로다"(시 100:3).

하나님을 알지 못하던 시절에는 사람들한테 호래자식 소리를 듣지 않으려 노력했다면, 목회자가 된 후에는 하나님께 호래자식 소리를 듣지 않으려 안간힘을 썼다. 그러고 보니 평생 호래자식 소리와 치열하게 싸우며 산 셈이다. 어쩌면 이러한 싸움 덕분에 '성경적 효'를 전하게 하시는지도 모르겠다. 주님 앞에 서는 날까지 이 싸움을 멈추지 않을 것이다.

우리 교회가 25년 전 시작한 효 실천운동은 그야말로 가지 않은 길이었다. 생소하고 인적 없는 길이었다. 풀이 무성하고 사람이 다닌 자취가 없는 길, 이상한 시선으로 보기 좋은 길이었다. 엄밀히 말하자면, 길 자체가 없었다고 해도 과언이 아닐 것이다. 우리 교회는 그저 하나님의 손짓만 보고 발걸음을 떼었다. 앞만 보고 걷다 보니 어느새 25년이라는 세월이 흘렀고 그 사이 성경적 효 실천운동이라는 새로운 길을 닦게 되었다.

이제 성경적 효에 관해서 물어 오는 교회와 효에 관한 원고와 자료를 요청하는 교회가 부쩍 늘어 효 운동 개척자로서 자부심을 느낀다. 강원도 산골의 작은 교회에서도 우리 교회의 효 설교와 성산효대학원대학교가 상세히 소개되었다니 보람이 아닐 수 없다. 게다가 노량진교회의 림인식 목사님은 마르틴 루터의 종교개혁보다 더 큰 발견이 성경적 효라고까지 극찬하며 힘을 실어 주셨다.

그 어떤 칭찬과 격려보다 감격스러운 것은 존경하는 신앙의 멘토인 조용기 목사님의 변화라고 감히 말하겠다. 여간해서는 가족사를 말씀하시지 않는 조용기 목사님이 어떤 부흥성회에 가서서 가족사를 밝히시며 이런 말씀을 하셨다.

"저는 효도만 생각하면 최성규 목사가 떠올라요. 왜냐하면 최성규 목사가 하나님께 소명을 받아서 효 운동을 할 때 제일 먼저 양심의 가책을 받은 사람이 바로 접니다. 우리나라의 효도대장 최성규 목사가 여기 앉아 있지만, 저는 아버지 어머니께 불평이 많았어요."

조용기 목사님은 일찌감치 집에서 나와 객지를 떠돌며 사셨다. 입대해서 병이 들어 군병원에 입원했을 때는 부모님이 한 번도 면회 오시지 않아 서운하셨다고 한다. 당시에는 부모가 면회를 와서 약을 사 와야 치료 받을 수 있던 시절이었다. 정부에서 나온 약은 군의관들이 다 팔아 버리고 환자에게 '링거를 사 와라, 약을 사 와라' 하는 쪽지를 주는데, 면회를 안 오시니 쪽지를 부모님께 건네주질 못해 치료 받지 못하셨단다. 당시 조 목사님의 부모님은 아홉이나 되는 자식을 먹여 살리느라 면회 올 시간도 없으셨을 것이다. 그 사정을 모르는 바는 아니지만, 섭섭하고 서운한 것은 어쩔 수 없었던 모양이다.

"그런데 최 목사님이 효 운동을 하면서부터 제가 부모님께 효도를 다 했습니다. 솔직히 말해서 그 전까지는 생활비도 안 드렸습니다. 최 목사님을 안 만났으면 두고두고 후회할 뻔했어요. 최 목사님의 효 설교를 듣고 용돈도 듬뿍 드리고, 늘 안부도 묻고, 부모님을 잘 섬겼습니다. 여러분도 부모님이 살아 계실 때 잘 섬기세요. 돌아가시고 나면 후회해도 소용없습니다. 살아 계실 때 잘 섬기면 돌아가시고 난 후에 괴롭지 않습니다. 최성규 목사님은 나보다 다섯 살 아래지만, 다섯 살 위 같아요. 최 목사님은 참 훌륭한 일을 합니다. 다른 사람은 나를 변화시키지 못했지만, 최 목사님은 나를 변화시켰습니다."

자리에 앉아 말씀을 듣는 동안 얼굴이 화끈거렸지만 스승의 진솔한 고백에 눈시울이 뜨거워졌다. 제자의 효 운동으로 인해 가족관계가 변화되었다는 스승의 겸손한 고백을 들으며 벅차오르는 감격을 주체할 수 없었다. 스승의 변화는 이제껏 들은 이런 칭찬 저런 격려와 견줄 수 없는 감동을 안겨 주었다. 성령님이 최씨 고집을 사용하여 세계적인 목사님을 감동시켰다고 생각하니 감사했다.

열매 중에 가장 큰 열매는 변화다. 인천순복음교회를 통해 펼친 효 운동은 시간이 지나며 많은 열매를 맺었다. 겉으로 보이는 성과들도 있지만 더 소중하게 생각하는 건 사람의 변화다. 생각의 변화다. 사람이 변화하니 신앙이 변화되고 가정과 사회가 변화되어 가고 있다. 성경적 효를 실천함으로 여기저기 가정이, 조직이 회복되고 있다는 소식이 들려오기에 효 운동을 고집하지 않을 수 없다. 힘들고 외로워도 포기하지 않기를 잘했다. 비록 풀이 무성하고 인적이 드문 길이라도, 그래서 더 걸어야 될 길이라도, 이 길을 걷기 잘했다 싶다. 나의 신념과 하나님을 향한 신앙이 결속된 확신의 길이기에 고집스럽게 걸어가고 있다.

효 운동은 시간이 지나며 많은 열매를 맺었다.
겉으로 보이는 성과들도 있지만
더 소중하게 생각하는 건 사람의 변화다.
사람이 변화하니 신앙이 변화되고
가정과 사회가 변화되어 가고 있다.

Harmony

3부

하나님 나라를
완성해 가는 성경 7효

성경 7효의
시작

처음 교회에서 효 운동을 한다고 할 때 제일 불편한 반응을 보인 이들은 며느리들이었다. 고부갈등이야 기나긴 한국의 역사 속에서 명맥을 유지해 온 것이고 그런 가운데에서 교회에서조차 효를 강조하니 많은 며느리가 시어머니 모시기가 쉽지 않다고 야단이었다. 며느리들 입장에선 억울한 면도 있었던 것 같다. 아마도 지금껏 생각했던 효라는 개념, 다시 말해 아랫사람이 윗사람을 공경하는 것만을 생각했던 이유가 컸을 것이다.

이에 나는 부모 공경 없는 신앙은 죽은 신앙이라고 못 박았으며 효를 말했다. 그와 함께 "아비들아 너희 자녀를 노엽게 하지 말고 오직 주의 교훈과 훈계로 양육하라"(엡 6:4)는 말씀과 "왕대밭에 왕대 나고 효자 집에 효자 난다"는 속담을 자주 인용해 좋은 부모가 좋은 자식을 만든다고 했고 효도뿐 아니라 내리사랑도 강조했다.

성경적 효는 아랫사람에게만 공경을 강요하는 일방적 효가 아니다. 윗사람은 아랫사람을 사랑하고 아랫사람은 윗사람을 공경하는 쌍방향의 효다. 또한 가장 근원은 우리 아버지 되시는 하나님과 자녀 된 우리와의 관계 속에서 비롯된 성경적 효다.

예수님을 통해 하나님과 우리는 아버지와 자녀의 관계가 되었다. 성경은 단순히 '하나님의 말씀'이 아니라 '하나님 아버지의 말씀'이다. 하나님 아버지의 말씀을 믿고 그 말씀대로 사는 것, 하나님 아버지의 명령에 순종하고, 하나님 아버지의 약속을 믿고 그 말씀대로 사는 게 효다.

인천순복음교회를 통해 효 운동을 시작하면서 나는 이 성경적 효를 실천해 나갈 7가지 실천 범주를 정리했다. 이는 혼자만의 생각이 아닌, 성경 66권의 하나님 아버지 말씀을 크게 7가지로 집약하여 성경적 효를 행하는 7가지 실천 범주다.

1. 하나님을 아버지로 섬김
2. 부모·어른·스승 공경
3. 어린이·청소년·제자 사랑
4. 가족 사랑
5. 나라 사랑·국민 사랑

6. 자연 사랑·환경 보호

7. 이웃 사랑·인류 봉사

우리 교회는 성경적 효를 구현하는 7가지 실천 사항을 모두가 함께 완수해야 할 7대 사명으로 받았다. 성경적 효의 가장 큰 특징은 '부모 공경'에만 국한되지 않는다는 점이다. 전통적인 효는 부모를 공경하고 나라에 충성하는 데 머물러 있지만, 성경적 효는 부모의 모형인 하나님과 화합하고 나아가 사람과 화합, 나라 간 화합, 자연과 화합, 곧 하모니(Harmony)를 이루는 삶이다.

공경의 범주에 부모는 물론 웃어른과 국가 지도자, 영적 지도자, 스승, 홀몸노인, 어린이, 청소년, 제자 등을 포함해 가족주의에 갇힌 폐쇄적인 효를 벗고 세상으로 열린 효를 지향한다. 사랑의 범주 역시 '사람'으로 제한하지 않고 국가, 자연, 환경 등 피조세계를 포괄한다. 성경적 효는 자기 자신과 가장 가까운 가족으로부터 시작해 불신자를 포함한 인류, 그리고 자연환경으로 확산되는 파장역(波長域)이 큰 사랑실천운동이다.

무엇보다 성경적 효는 하나님 아버지 섬김을 전제로 한다. 하나님 섬김 없는 효는 효가 아니며, 부모 공경 없는 신앙은 죽은 신앙이다. 보이지 않는 하나님을 사랑하는 것은 이웃 사랑과 부모 공경으로 검증될 수 있다. 보이는 부모를 공경하지 않으면서 하나님을 섬긴다는 것은 어불성설이며 참신앙의 모습이 아니다. 따라서 하나님 아버지의 섬김은 성경적 효의 뿌리이자 완성으로 보았다.

이 성경 7효 실천운동이 오늘날 인천순복음교회의 성장 동력이 되었으며 지금의 하모니 운동으로 이어 가는 데 근간이 되었다. 기존에 없었던 것을 새롭게 시작하는 일은 지난하고 피곤한 일이지만 하나님이 주신 지혜를 행함 있는 믿음으로 나타내는 것 역시 교회가 해야 할 일이라 믿고 나아갔다.

조선 중기 위대한 학자로 추앙받는 지식인 퇴계 선생은 여러 왕의 지극한 존경을 받은 정치인이었지만 벼슬에서 물러나 후진 양성에 힘쓴 것으로도 알려져 있다. 품성을 기르고 닦아 실천하는 인성 교육을 강조하며 배움을 통해 삶의 이치와 도리를 깨닫게 했다. 성공보다 사람됨을 가르쳤던 그의 인성 교육관처럼 우리 교회에서도 성경 7효 실천운동을 통해 신앙인 됨을 가르쳤다. 하나님에 대한 효를 기본으로 한 신앙인의 품성을 성경 7효를 통해 펼쳐 나간 셈이다. 과연 성령님이 주신 지혜로 성경 7효 실천운동이 잘 정착되었을 뿐 아니라 대를 이어 가는 신앙운동이 되고 있는 건 참으로 감사할 일이다.

제1효 :
하나님을
아버지로 섬기는 믿음

우리 교회 고등부에서 봉사하는 한 학생이 이런 간증을 했다. 오랫동안 교회를 다니며 봉사를 해 왔고 겉으로 봐선 교회 잘 다니는 학생이었지만 자신이 주님을 인격적으로 만난 건 중학교 3학년 때였다고 한다. 은혜를 경험했기에 고등부로 진학하면서 교회 내 직책도 여러 개 맡게 되었는데, 시간이 갈수록 학교생활과 신앙생활을 병행하는 일이 매우 힘겨워졌다고 한다. 특히 성적이 크게 떨어지면서 입시에 대한 고민이 시작되었고 어느 순간 자살과 자퇴, 자해라는 단어가 익숙한 말이 되었다.

점점 영이 죽어 가는 삶을 살게 되며 주님과도 멀어진 그 학생에게 어느 날 하나님 아버지에 대한 공경과 사랑을 강조하는 교회의 외침이 가슴에 와 닿았다. '여호와께 돌아가자'는 찬양과 함께 아버지 하나님에 대한 효가 곧 아버지께로 돌아가는 것임을 깨닫게 된 학생은 그날 다시 아버지 하나님과 만났다. 아버지가 되시는 하나님은 포기하지 않고 자녀를 기다리신다는 확신이 다가왔고 그 시간 이후로 평안함이 밀려왔다. 지금도 바쁜 생활 속에서 살아가지만, 하나님 아버지와 매일 만나는 것이 "네 부모를 공경하라"는 계명을 지키는 것으로 믿고 살아간다는 고등부 학생의 간증은 가슴을 쩡하게 만든다.

나 역시 오랜 시간을 돌아 하나님과 만나게 되었을 때 하나님이 내 아버지가 되셨다는 사실에 얼마나 감격의 눈물을 흘렸는지 모른다. 어린 나이에 아버지를 잃고 늘 아버지의 그늘을 그리워하며 아버지 사랑에 목말라 살았던 내게 영원한 하늘 아버지가 생겼다는 사실이 너무도 좋았다. 아버지 없는 자식이 아니라는 사실에 기쁘고 또 기뻤다. 하나님 아버지를 기쁘시게 하는 삶을 살고 싶었다.

성경적 효 운동의 시작은 하나님 아버지에 대한 효부터 시작한다. 창조주 하나님이 나의 아버지가 되심을 믿는 것부터 시작하는 것이다. 우리의 영적인 아버지가 원하시는 삶, 명령하시는 바를 깨닫고 행하는 것이 하나님에 대한 효다.

그렇다면 하나님 아버지는 어떤 분이신지 아는 게 중요하다. 성경은 그 아버지가 어떤 분인지 끊임없이 보여 주고 있는데, 속속들이 알 수는 없어도 변치 않는 진리만 기억하고 있으면 된다. 우리 아버지 하나님은 창조주가 되시며 '자녀를 사랑하시는' 분이다. 온 세상 만물을 창조하신 분이며 우리는 그의 자녀이자 피조물이기에 우리가 할 일은 아버지를 최우선 순위로 삼고 예배하고 사랑하는 것이다.

이 사실을 인정하게 되면 어떻게 살아야 할지 알 수 있다. 나를 창조하신 분이시니 예배하고 찬양하며 하나님이 주신 계명을 지키는 삶을 살아야 하는 게 당연하다. 이스라엘 백성이 출애굽할 수 있었던 것은 전적인 하나님 아버지의 역사였다. 40년이라는 시간을 매순간 하나님 아버지가 내려 주시는 은혜로 살아갈 수 있었음에도 명령에 순종하지 않고 규례와 법도대로 살지 않았기에 가나안 땅에 들어갈 수 없었다.

아버지 하나님께 효하는 것은 언제 어디서나 하나님 우선순위의 삶, 예배 중심의 삶을 사는 것이다. 하나님을 아버지로 섬기는 것이기에 먼저 하나님의 나라와 의를 구해야 한다.

"이스라엘아 네 하나님 여호와께서 네게 요구하시는 것이 무엇이냐 곧 네 하나님 여호와를 경외하여 그의 모든 도를 행하고 그를 사랑하며 마음을 다하고 뜻을 다하여 네 하나님 여호와를 섬기고 내가 오늘 네 행복을 위하여 네게 명하는 여호와의 명령과 규례를 지킬 것이 아니냐"(신 10:12-13).

"오늘 있다가 내일 아궁이에 던져지는 들풀도 하나님이 이렇게 입히시거든 하물며 너희일까 보냐 믿음이 작은 자들아 그러므로 염려하여 이르기를 무엇을 먹을까 무엇을 마실까 무엇을 입을까 하지 말라 이는 다 이방인들이 구하는 것이라 너희 하늘 아버지께서 이 모든 것이 너희에게 있어야 할 줄을 아시느니라 그런즉 너희는 먼저 그의 나라와 그의 의를 구하라 그리하면 이 모든 것을 너희에게 더하시리라"(마 6:30-33).

하나님이 우리를 자녀 삼으신 것은 사랑 때문이다. 우리는 모두 죄와 허물로 멸망받을 수밖에 없었지만 그리스도가 우리를 위해 죽으심으로 하나님 아버지는 우리에 대한 자신의 사랑을 확증시켜 주셨다. 아들을 내어 주시기까지 십자가에 피 흘려 대신 죽기까지 우리를 사랑하신 그 사랑이다.

이렇게 목숨까지 내어 주신 아버지를 어떻게 사랑하지 않을 수 있을까. 하나님의 사랑은 늘 불타오르는데 그 사랑을 자꾸만 잊는 우리가 문제다. 그래서 더욱 십자가 앞으로 나아가야 한다. 하나님 아버지보다 더 사랑하는 것이 있는지 돌아보고 영원한 나라의 상급을 바라보며 세상적인 욕심을 버리고 절제하는 삶의 결단이 필요하다.

성경 1효는 하나님 아버지의 사랑을 늘 상기하고 사랑을 고백하는 모습의 실천이다. 먼저 창조주 하나님 아버지를 최우선 순위 삼아 예배하고, 강력하고 완전하고 놀라운 사랑을 상기해야 한다. 그 사랑을 경험하면 당연히 형제를 사랑할 힘을 받게 되고 자연스럽게 삶 속에서 사랑이 드러날 수밖에 없다. "내가 너희를 사랑한 것같이" 사랑하라고 하셨기에 죽음을 불사하고 주신 그 사랑을 기억한다면 우리는 교회를, 형제를 사랑할 수밖에 없다.

성도들과 성경 1효에 대한 이야기를 나눌 때마다 묻곤 한다.

"하나님 아버지로부터 엄청난 사랑을 받은 우리 삶에 성실과 진정으로 하나님 아버지를 경외하는 모습이 있습니까? 아직도 하나님 아버지보다 더 사랑하는 것 때문에 하나님 아버지를 섬기는 일에 방해를 받거나 방황하고 있지는 않습니까? 여전히 하나님이 당신의 아버지가 되심을 믿고 고백하고 있습니까?"

효는 하나님 아버지를 아버지로 인정하는 것에서부터 시작한다. 하나님과의 올바른 관계가 성립되면 나머지 사람과의 관계 가운데에서 효를 행하는 일은 쉽기에 하나님 아버지에 대한 공경과 사랑이 굳건한 것이 너무도 중요하다.

효는 하나님 아버지를
아버지로 인정하는 것에서부터 시작한다.

제2효 :
부모,
윗세대를 향한 공경

황상은 정약용이 강진 유배 시절 가르치던 제자 중 가장 아끼던 제자다. 황상은 열다섯 살 되던 해에 정약용을 처음 만났다. 당시 정약용은 주막집 골방에서 아이들을 가르치고 있었는데 주막으로 다산을 찾아간 황상이 스승에게 물었다.

"선생님! 저는 아주 둔하고, 앞뒤가 꽉 막혔고 답답한데, 그래도 글을 배울 수 있을까요?"

이에 다산은 둔하고 꽉 막히고 답답한 것이 민첩하고 재빨라서 금세 잊어버리고 글이 가벼운 것보다 낫다고 자신감을 실어 주었다. 그러면서 둔하고 답답하더라도 꾸준히 공부하면 깊이 있는 글을 쓸 수 있으니 평생 '부지런함'이라는 글자를 잊지 말라고 교훈했다.

황상은 스승의 이 가르침을 마음에 새기고 뼈에 새겨 평생을 두고 감히 잊을까 염려했다고 고백했다. 무려 61년이라는 긴 세월 동안 스승의 가르침을 마음에 늘 품고 있었다는 제자의 마음이 아름답고 갸륵하다. 본래 황상은 양반이 아니어서 과거를 볼 수 없는 신분이었다. 그래서 다산은 그에게 시 짓는 법을 가르쳐 주었다. 자나 깨나 스승의 가르침을 실천한 황상이 지은 시는 스승을 놀라게 했고, 흑산도에 유배 간 스승의 형 정약전과 제주에 유배된 추사 김정희를 감탄하게 했다. 유배에서 풀려난 김정희가 서울로 가기 전에 먼저 황상을 찾아가 만났을 정도다. 이렇듯 스승의 따스한 가르침은 둔하디 둔한 한 사람의 인생을 빛나는 인생으로 바꾸어 놓아 후대에까지 이름을 남기게 했다.

내게도 다산과 같은 스승이 계시다. 서병국 선생님을 만난 건 전의중학교 2학년 때니 황상이 다산을 만난 나이와 같은 열다섯 살 되던해다. 서병국 선생님은 3학년 때도 담임을 하셔서 나를 2년 간 지도하셨는데, 중학교 때도 공납금을 제때 못 내 툭하면 교무실로 불려 가야단을 맞았다. 공납금 미납자가 호명되는 날이면 앞으로 불려 나가야단을 맞았는데 야단을 덜 맞으려면 언제까지 내겠다고 날짜를 말해야 했다. 나는 그 날짜조차 말씀드릴 수 없었다. 거짓말도 하기 싫어 어떤 날은 교탁 옆에 서서 수업을 받은 적도 있다. 어찌나 부끄럽던지 마음속으로 '이 집안을 일으키리라' 다짐하기도 했는데 단지 가난하다는 이유로 제자를 벌해야 하는 스승의 불편한 마음을 그때에는 이해하기 힘들었다.

졸업식 날, 선생님은 칠판에다 '십인'(十忍)이라는 글자를 적으시곤 말씀하셨다.

"내가 2년 동안 가르쳐 준 것은 다 잊어버려도 좋으나 이 두 글자만은 잊지 말아라. 살다 보면 괴로울 때도 있고, 참기 힘들 때도 있고, 생을 포기하고 싶을 때도 있을 것이다. 그럴 때 이 두 글자를 기억하며 참고 또 참아라."

말씀을 듣는 순간 선생님이 나를 지목해서 가르침을 주는 것처럼 전율했다. 이상하리만큼 폭풍 같은 용기와 희망이 차올랐다. 집에 오자마자 종이에 '十忍'을 써서 집 안 여기저기에 붙여 놓았다. 열 번 참으라는 십인의 가르침은 내 젊은 날을 붙들어 준 힘이요, 생애 최고의 교훈이 되었다. 6개월 치 공납금을 못 내 졸업장을 타지 못하는 나 하나 때문에 졸업장을 나눠 주지 않고 교탁 위에 올려놓고는 알아서 가져가라 하신 이유를 뒤늦게야 알고는 명치끝이 찌릿하기도 했다.

수십 년이 지난 어느 해 전의중학교에서 입학식 연설을 할 기회가 생겼기에 그때도 선생님이 말씀하셨던 십인에 대한 이야기를 하며 "사랑하는 사람이 되십시오. 인내하는 사람이 되십시오. 화합하는 사람이 되십시오" 하고 당부했다. 그러고 보면 나보다 먼저 생을 살아간 윗세대를 통한 가르침은 은근한 교훈을 준다. 그래서 윗세대라고 하는가 보다.

성경 2효는 부모를 포함한 어른, 스승을 공경하는 효다. 우리 교회에서 효 운동을 시작할 때 대부분 2효에 대한 생각을 했다. 당연하다. 전통적인 효의 개념이 그렇기 때문인데, 우리는 성경 2효에 대한 생각을 성경에 입각하여 재조명했다.

사회가 급변함에 따라 젊은 세대들이 더 빠르고 발전된 문명을 향유하게 되면서 오히려 세대 격차가 심해졌다. 부모를 비롯한 윗세대보다 더 많은 것을 누리고 있으며 자신들을 더 뛰어나고 유능한 존재로 자신하게 되면서 공경심은 갈수록 사라지고 있다. 어떤 이들은 노인들을 무능한 존재로 바라보기도 하고, 스승에 대한 존경심의 부재는 물론이고 자신을 낳아 주고 길러 준 부모에 대한 존경심도 점점 사라지고 있다. 위대하고 유명한 인물들의 명언이나 행동 지침을 좋아하고 따르려고 하면서도 먼저 좇고 따라야 할 부모에 대한 공경의 자세는 부재하다. 학벌이나 눈에 보이는 능력으로 윗세대를 평가하려하고 지식만 고스란히 전수받으면 그만으로 생각하고 정작 본받아야할 정신은 멀리한다.

하나님은 분명히 당신의 백성들을 향해 "네 부모를 공경하라"고 명령하셨다. 반드시 그리해야 하는 명령이고 지켜야 할 계명임에도 소홀히 하는 경향이 심해지고 있다. 우리 교회 성도들도 효 운동을 전개하면서 부모와 윗세대에 대한 효에 반발하는 이들이 있었다. 겉으로만 알았다고 하면서 실제 삶으로의 적용이 되지 않았다. 하지만 이를 위해 먼저 교회가 나서서 윗세대를 공경하는 모습을 보이고 여러 지역사회 활동을 통해 참여를 높이다 보니 어느 순간 생각이 바뀌기 시작했다. 실제로 효를 실천함으로 본이 되는 분들이 나타나기 시작했다.

결혼 5년차가 되던 해, 인천순복음교회 제1회 총동원주일에 남편을 전도한 뒤 믿지 않는 이웃과 친구들을 전도하게 된 박 권사님은 중풍으로 고생하게 된 시어머니를 모시며 천국 가시는 날까지 주님의 사랑으로 극진히 봉양했다. 그분이 실천한 효는 놀라운 열매를 맺었다. 효의 모습을 보고 자란 두 자녀는 부모에게 효하는 아들들이 되었다. 첫째 아들은 선교사로 파송되어 하나님의 사역을 하고 있으며, 둘째 아들도 교회의 귀한 일꾼으로 일하고 있다. 권사님의 친정어머니는 늦은 나이에 목회의 길을 걷게 되었고 남동생들 역시 목사님으로, 장로로 사역 중이다. 한 사람이 부모에 대한 효를 다함으로 일가족이 믿음의 가족, 하나님 우선의 가정이 된 것이다.

또한 친정어머니와 거의 60여 년 함께 살아온 봉 권사님은 얼마 전 고관절을 다치신 친정어머니를 간호하는 동시에 치매에 걸린 96세 시어머니까지 같이 모시며 혹독한 간병 생활을 하셨다. 그 와중에 남편까지 심장희귀 질환과 담낭 제거 수술까지 받는 바람에 한꺼번에 밀려오는 고난을 겪어야 했다.

고난이라는 긴 터널의 끝이 보이지 않았다. 시어머니가 소천하신 후 친정어머니는 섬망 증상까지 더해져 아이가 되었고 남편 간호까지 하는 힘든 일상이었지만 부모를 공경하라는 계명에 철저히 순종했다. 효 운동을 깊이 새겼다. 힘이 들 때면 이것도 자신의 복이려니 생각하며 몇 시간 동안 성경 필사로 마음을 다잡는다는 봉 권사님은 효운동 덕분에 지금도 101살 아기가 생겼다는 마음으로 어머니를 모시며 살고 있다. 얼마나 아름다운 모습인지 모르겠다.

하나님은 계속해서 부모와 윗세대를 향한 효를 말씀하신다. 부모를 공경하는 것은 물론이고 노인을 공경하고 윗세대를 노엽게 하지말 것을 말씀하신다.

성경 2효는 기존의 우리 사회에서 중요하게 여겨졌던 대목을 성경적 관점에서 접근함으로 하나님이 원하시는 부모와 윗사람에 대한 공경과 사랑을 구체화시켰다. 덕분에 우리 교회의 효 운동이 지역사회로 퍼져 나갈 수 있었고 사회적인 운동으로까지 퍼지는 근간이 되었다.

"네 부모를 즐겁게 하며 너를 낳은 어미를 기쁘게 하라 내 아들아 네 마음을 내게 주며 네 눈으로 내 길을 즐거워할지어다"(잠 23:25-26).

"늙은이를 꾸짖지 말고 권하되 아버지에게 하듯 하며 젊은이에게는 형제에게 하듯 하고 늙은 여자에게는 어머니에게 하듯 하며 젊은 여자에게는 온전히 깨끗함으로 자매에게 하듯 하라"(딤전 5:1-2).

"제자가 그 선생보다, 또는 종이 그 상전보다 높지 못하나니"(마 10:24).

마지막으로 우리 교회의 동역자이자 후배인 김정미 전도사의 이야기는 효 운동을 시작한 사람으로서 참으로 감격스러움과 보람을 느끼게 한다.

"저는 불효자였습니다."

우리 교회 교구를 맡고 있는 김정미 전도사는 자신이 불효자였음을 고백했다. 성경적 효라는 문구를 처음 접한 것은 인천순복음교회 교역자로 섬기기 시작할 때였는데 그때까지만 해도 자신이 하나님의 종으로 사역한다는 이유로 가정에서 늘 예외였다고 한다. 이 교회에 오기 전 다른 교회에서 10년 넘게 사역을 해 왔고 마음 중심에는 자부심이라고 할 수 있는 교만도 자리 잡고 있었다고 한다. 그런데 우리 교회에 오게 되면서 교역자 교육훈련 과정에서 효를 접하고 달라졌다.

"누구든지 자기 친족 특히 자기 가족을 돌보지 아니하면 믿음을 배반한 자요 불신자보다 더 악한 자니라"(딤전 5:8)라는 구절을 대하며 마음이 찔렸다. 지금까지 하나님 사역을 한다는 이유로 명절에도 가족 모임에도 자신은 늘 예외였고, 부모님도 "정미를 하나님께 바쳤어요. 저 아이는 저렇게 하나님을 위해 살아야 되는 자식이에요"라며 자신을 소개했다고 한다.

성경적 효를 알지 못했다면 자기 가족을 돌아보지 않는 사역자로 살았을 뻔한 그의 인생에 성경적 효 운동을 통한 사역의 길이 열리고 그는 완전히 깨어졌다. 자신의 존재감과 사역이 다 부정되어지는 느낌 속에 회개한 뒤 달라졌다.

이후 우리 교회 사역을 시작하면서 처음으로 부모님께 용돈을 드리기 시작했고 부모님과 시간을 보내며 가족을 돌아보기 시작했다.

그 모습을 지켜보던 어머니가 놀라운 고백을 하셨다.

"정미야, 엄마는 네가 효하는 교회에서 일하게 되어 너무 좋구나. 네가 인천순복음교회에서 일하더니 사람이 다 되었다. 이젠 됐다. 그동안 고생했다."

김 전도사의 어머니는 이 고백을 하고 3년 뒤 천국으로 가셨다. 성경적 효 사상은 김정미 전도사에게 효의 길을 가르쳐 주었고 사람의 길로 인도해 주었다. 불효자로서 교만함과 무지함으로 살아갈 뻔한 자신을 사람의 길로 걸어갈 수 있도록 해 주었다고 고백하는 그의 고백은 남아 있는 우리가 성도로서 이 땅의 부모와 어른, 윗세대에게 왜 효해야 하는지 보여 주고 있다.

하나님은 분명히 당신의 백성들을 향해
"네 부모를 공경하라"고 명령하셨다.
반드시 그리해야 하는 명령이고 지켜야 할 계명이다.

제3효 :
아랫사람을 향한
존중과 사랑

효 운동을 시작하면서 얼마 되지 않은 시점이었다. 그때는 성경 7효 운동에 대한 기틀도 잡혀 있지 않은 시점이었는데, 하루는 경기여고에서 효 강의가 들어왔다. 누구보다 학생들에게 효 강의가 필요하다는 생각을 하고 있던 터라 기쁜 마음으로 강의에 임했다. 다행히 외부 강사로 선 나를 반갑게 맞이해 주었다. 본격적으로 효에 대한 강의를 이어 가는데, 처음에 반기던 분위기와는 달리 시간이 지날수록 반응이 영 신통치 않았다. 의아한 생각이 들어 돌아와 생각하다가 무릎을 쳤다. 당시 부모와 어른에 대한 효만 이야기했던 터라 학생들의 공감을 사지 못한 것이다.

'아, 그래. 효는 일방적인 것이 아니라 세대 간의 쌍방향이 되어야 한다. 상대적으로 약자를 보살피는 게 효라면 아랫세대를 섬기는 것도 효다.' 그때 성경 3효의 대상을 '다음세대'로 정했다. 어린이, 청소년 제자가 이에 해당되며 그들에 대한 사랑은 성경에서도 명령하고 있다. 예수님은 어린아이를 존중해 주셨고 순결한 믿음을 어린아이들의 믿음에 비유하셨다.

"또 누구든지 내 이름으로 이런 어린아이 하나를 영접하면 곧 나를 영접함이니 누구든지 나를 믿는 이 작은 자 중 하나를 실족하게 하면 차라리 연자 맷돌이 그 목에 달려서 깊은 바다에 빠뜨려지는 것이 나으니라"(마 18:5-6).

"또 아비들아 너희 자녀를 노엽게 하지 말고 오직 주의 교훈과 훈계로 양육하라"(엡 6:4).

하나님은 약자를 보호하라고 하셨다. 어른들은 어린이와 청소년과 제자들을 보호하고 사랑해야 할 의무가 있다. 그들보다 세상을 먼저 산 자들로서 백지 같은 그들의 마음에 무엇을 그리게 할지 생각하고 제시해 주어야 한다. 그게 다음세대에 대한 효다.

나의 어머니는 하나님을 모르셨기에 나에게 신앙의 가르침을 물려주실 수 없었다. 그럼에도 어머니가 해 주신 최선의 교육은 사람됨을 가르치는 것이었다. 비록 많이 배우진 못했지만 사람됨의 도리를 삶으로 보이고 가르치셨다. 어머니는 한여름 뙤약볕을 한 장 수건으로 가리고 종일 밭에서 김을 맸고, 밭일이 없는 날에는 품을 나가셨다. 어머니가 낮잠을 주무시거나 마실 가는 걸 본 기억이 없다. 봄부터 가을까지 허리를 구부리고 밭에서 사셨고, 겨울에는 가마니를 짜거나 삯바느질을 하셨다. 어머니의 가르침은 많이 배운 어머니들처럼 세련되지 않고 소박했다. 그러나 이 소박한 윤리관이 내 인성과 목회에 좋은 토양이 되었다.

그러고 보면 다음세대에 대한 효의 시작은 좋은 부모가 되는 것이다. 성경 3효 운동을 통해 자녀들에게 먼저 좋은 부모가 될 것을 말했다. 세상의 모든 부모는 좋은 부모가 되고 싶어 한다. 어떤 고생도 마다하지 않는데 자녀가 엇나가고 부모를 존경하지 않는다. 좋은 부모가 어떤 부모인지 모르기 때문이다.

사람들은 '좋은 부모'보다는 '좋은 환경'만 만들어 주려고 한다. 풍요롭고 좋은 환경을 만들어 주는 게 결코 좋은 부모의 조건이 아니다. 자녀를 온실 속 화초로 만들면 스스로 할 수 있는 일이 없게 된다.

부모가 되는 일에도 공부가 필요하다. 전혀 준비 없이 부모가 되어선 안 된다. 좋은 부모가 되기 위해서는 하나님께 배우고 그분과 동역하는 자세가 요구된다. 하나님 아버지가 우리를 양육하시는 방법에 따라 자녀를 양육하고, 자녀를 선물로 주신 하나님과 동역한다는 자세가 필요하다. 자식 농사라는 말이 있듯이 하나님의 도우심과 인도하심을 받으며 씨를 뿌리고 김을 매고 돌봐야 한다. 생각처럼 되지 않을 때가 있다. 인간이기에 어쩔 수 없는 측면이긴 하나 그래도 노력해야 한다. 이 세상에서 내가 제일 잘 키울 것으로 여기고 맡겨 주신 하나님의 선물이니 위탁받은 자의 자세로 자녀를 양육해야 한다.

"자녀를 입술로 키우지 말고 뒤통수로 키우라"는 말이 있다. 말보다 본을 보이라는 뜻이다. 말로 가르치는 것은 쉽지만, 말로 끝나기 십상이다. 먼저 행동의 본을 보여야 한다. 많은 부모가 여기서 실패한다. 이익이 되는 일이라면 자녀 앞에서 거짓말도 서슴지 않는다. 손해를 보더라도 자녀에게 본을 보여야 한다. 힘들어도 바른길을 가는 모습을 보여 주어야 한다.

예수님은 우리의 본이 되셨다. 바울도 본이 되는 삶을 살았다. 믿음의 조상 아브라함 역시 믿음의 본을 보여 주는 동시에 부모의 영향력이 얼마나 큰지 귀중한 교훈을 준다.

창세기를 보면 아브라함과 이삭이 똑같은 실수를 하는 장면이 나온다. 아브라함은 자신의 안전을 위해 두 번이나 자기 아내를 누이라고 속였다(창 12:19; 20:2). 이삭은 아직 태어나기 전이라 아버지가 거짓말하는 것을 듣지도 보지도 못했지만 훗날 아버지와 똑같은 실수를 범한다. 자신의 안전에 위험을 느꼈을 때 아버지가 했던 거짓말을 그대로 하는데, 그랄 왕 아비멜렉에게 아내 리브가를 누이라 속인 것이다(창 26:7). 아버지가 거짓말하는 것을 보고 듣지 못했는데도 아들이 그대로 따라 했다는 건 암시하는 바가 크다. 이는 인간의 연약함을 보여 주기도 하지만 부모의 평소 언행이 자녀에게 그대로 스며든다는 반증이기도 하다. 하지만 하나님은 이러한 실수도 보여 주시지만 부모의 선한 영향력, 믿음이 흘러가는 것을 더 크게 보여 주신다. 아브라함이 모리아 산에서 번제를 드린 사건을 통해서다.

아버지 아브라함은 이삭을 제물로 바치라는 하나님 말씀에 즉각적으로 순종했고 이삭 역시 자신이 제물로 드려지는 일에 저항하지 않고 순순히 순종했다. 이 사건이 벌어졌을 때 이삭의 정확한 나이는 알 수 없지만, 아마도 10대 청소년이었고 아브라함은 100살이 넘은 할아버지였다. 따라서 이삭이 마음만 먹으면 얼마든지 저항할 수 있었다. 그러나 성경 어디에도 이삭이 자신을 결박하는 아버지 손을 뿌리치거나 항의했다는 기록이 없다. 곧 죽게 될 상황에서도 순종한 것은 아버지 아브라함의 순전한 믿음과 전적인 순종을 보고 자란 까닭이었을 것이다.

부모는 말이 아니라 인격과 삶으로 가르친다. 성경을 읽는 오늘날의 우리는 아브라함을 반면교사(反面敎師)로, 또 정면교사(正面敎師)로 삼아야 한다. 우리는 하나님 앞에서 일거수일투족은 물론 속마음도 숨길 수 없는 존재다. 자녀에게도 마찬가지다. 우리의 작은 습관 하나도 자녀에게는 간과되지 않는다는 사실을 명심하고 조심한다면 좋은 부모, 존경받는 부모가 될 수 있다.

대상을 아랫세대로 확장시켜도 마찬가지다. 아랫세대는 윗세대를 닮기 마련이고 어떤 식으로든 어른들은 아이에게 영향을 미친다. 본 대로 들은 대로 행동하기 마련이다. 그래서 윗세대는 역할 모델이 되어 주어야 한다. 어떻게 살아야 하는지 구체적인 모습을 삶으로 보여 줄 때 강력한 교육의 효과를 얻을 수 있다.

우리 교회의 효 운동을 전개해 나가면서 나는 큰절을 자주 했다. 특별한 일이 있을 때 효하는 모습을 가장 잘 보여 주기 위한 방법이기도 한데, 시간이 지날수록 나보다 아랫세대가 된 성도들에게 큰절을 할 때면 너무도 기쁘고 보람이 있다. 그런 인사를 받을 때면 어쩔 줄 몰라 하는 이들도 있지만 섬김의 표현으로 큰절을 하는 것이고 사랑을 표현한다는 것을 알기에 좋은 기운이 흐른다. 목사님의 큰절 덕분에 젊은 세대 성도들이 웃어른을 공경하는 마음이 생겼다는 이야기도 들리고 아랫세대도 존중받고 있다는 경험을 하니 효에 대한 생각이 바뀌었다는 말이 들린다. 큰절을 한 덕을 톡톡히 본 셈이다.

이렇듯 효는 윗세대에 대한 공경뿐 아니라 다음세대에 대한 사랑과 존중도 포함되어야 한다. 자녀를 비롯한 어린이 제자들과 같은 아랫세대에 대한 효는 그들을 존중하며 그들에게 본을 보이려고 노력하는 데에서 시작된다. 사랑하면 노력한다. 존중하면 관계가 변한다. 아랫세대들을 하나님 아버지의 사람으로 먼저 세울 때, 그들은 세상이 능히 감당하지 못할 자로 성장할 것이다(히 11:38).

제4효 :
가족 사랑

'하나님을 공경하는 자'라는 뜻의 이름을 가진 디모데는 그 이름처럼 하나님만 믿고 공경했다. 그는 헬라인 아버지와 유대인 어머니 사이에서 태어난 뒤 외할머니 로이스와 어머니 유니게에게 어릴 때부터 성경을 배우며 자랐다. 외할머니 로이스가 대를 이어 믿음을 전수한 것인데 외할머니의 믿음이 어머니께로 이어졌고 다시 디모데에게로 이어졌다.

"이는 네 속에 거짓이 없는 믿음이 있음을 생각함이라 이 믿음은 먼저 네 외조모 로이스와 네 어머니 유니게 속에 있더니 네 속에도 있는 줄을 확신하노라"(딤후 1:5).

사도 바울은 디모데의 믿음을 거짓이 없는 믿음, 즉 진실한 믿음으로 확신했다. 그 확신은 외할머니와 어머니의 신실한 믿음에 근거하고 있다. 어릴 때부터 진실한 믿음을 지닌 외할머니와 어머니께 성경을 배우며 신앙 교육을 받았는데 그게 어디 가겠냐는 것이다. 바울의 진단은 틀리지 않았다. 디모데는 사람들에게 칭찬받는 믿음의 청년(행 16:2)이었다.

경건한 외할머니와 어머니의 신앙을 물려받은 디모데 집안을 일컬어 우리는 '믿음의 명문가'라고 부른다. 이렇듯 자자손손 대를 잇는 믿음의 전수는 많은 그리스도인의 로망이다. 그리스도인들은 자신의 가정이, 야곱이 요셉의 두 아들을 축복한 것처럼 할아버지가 손자를 축복하고, 나오미와 룻이 하나님을 의지하듯 시어머니와 며느리가 하나님을 섬기고, 브리스길라와 아굴라처럼 부부가 동역하고, 아브라함의 믿음이 이삭과 야곱을 거쳐 요셉에게로 전해진 것처럼 믿음이 대물림 되기를 바란다.

그런데 이러한 소망과는 달리 이를 위해 시간을 할애하고 노력을 기울이는 가정은 드물다. 시간을 떼어 자녀에게 성경 공부를 시키고 온 가족이 가정예배를 드리는 가정은 많지 않다. 바쁘다는 이유로 대다수 가정이 공예배나 주일학교에 의존하는 형편이다. 그러나 신앙의 대물림은 교회보다 가정에서 이루어진다는 것을 기억해야 한다.

성경 7효의 중심에 가족 사랑을 넣은 것도 그러한 이유다. 효를 행하는 것에서 하나님이 세우신 가정을 지키고 세우고 사랑하는 것이 중심축이 되어야 함을 알리고 싶어서다.

가족 사랑의 효는 가족 구원에 근거한다. 초대교회 복음 전도자들이 전한 메시지에도 나온다. 바울이 감옥에 갇혔을 때 그는 빌립보 감옥의 간수를 하나님께로 인도한다. 옥문이 열렸지만 나가지 않은 바울과 실라를 본 죄수가 땅에 엎드려 어떻게 하면 구원을 받는지 물었고, 이에 "주 예수를 믿으라 그리하면 너와 네 집이 구원을 받으리라"(행 16:31) 했다. 이에 죽으려고 했던 죄수는 하나님 아버지를 믿고 가족에게 복음을 전한다. 가족의 구원이 나의 구원 이후 첫 번째라는 사실을 보여 주는 대목이라 하겠다.

가족 구원을 통해 하나님의 자녀가 된 가정은 하나님을 경외함으로써 가정을 완성시켜 나가야 한다. 하나님은 분명히 하나님 아버지를 경외하는 가정의 즐거움과 복에 대해 기록하셨다. 노동의 대가를 합당히 얻으며 결실한 포도나무 같은 신실하고 사랑스러운 아내와 무한한 가능성으로 힘차게 성장하는 아름다운 자녀가 함께하는 모습의 가정이다. 이러한 가정을 이루기 위한 효는 하나님을 경외하는 가정을 만드는 것이다.

"여호와를 경외하며 그의 길을 걷는 자마다 복이 있도다 네가 네 손이 수고한 대로 먹을 것이라 네가 복되고 형통하리로다 네 집 안방에 있는 네 아내는 결실한 포도나무 같으며 네 식탁에 둘러앉은 자식들은 어린 감람나무 같으리로다 여호와를 경외하는 자는 이같이 복을 얻으리로다 여호와께서 시온에서 네게 복을 주실지어다 너는 평생에 예루살렘의 번영을 보며 네 자식의 자식을 볼지어다 이스라엘에게 평강이 있을지로다"(시 128:1-6).

하나님이 가정을 향해 주신 명령과 약속이 분명하기에 우리는 그 것을 지켜 나가야 한다. 가족 사랑의 효를 실천하기 위해서는 두 가 지만 지키면 된다. 가족을 신앙 공동체로 만들고 사랑 공동체로 만들 면 된다. 세부적인 방법들이 많지만 크게 보면 이 두 가지 범주 안에 모두 포함된다.

디모데가 어려서부터 윗세대에게 신앙을 전수받아 믿음의 사람으 로 성장하여 하나님의 사역을 잘 감당하게 된 것은 그 가정이 신앙 공 동체의 역할을 잘 해냈기 때문이다. 신앙 공동체를 이루면 사랑이신 하나님을 알고 만나기에 사랑할 수밖에 없다. 사랑은 허다한 허물을 덮어 주고 옳은 길로 인도하며 참고 인내한다. 그 사랑의 본질이 가족 안에 정착되는데 아름다운 가정이 되지 않을 수가 없다.

서른이 넘어 예수를 믿고 하나님의 종이 되면서 가장 아쉬웠던 것 은 좀 더 일찍 신앙생활을 하지 못한 것이었다. 그게 아쉬워 우리 가 족, 특히 세 자녀에게만큼은 일말의 아쉬움도 남겨 주고 싶지 않아 가 정예배를 철저히 지켰다. 더불어 전주최씨(全州崔氏) 평도공파(平度公 派) 후손으로서, 고려 말 조선 초에 전주최씨를 중흥시킨 최유경(崔有 慶)과 인조 (仁祖)때 영의정을 역임한 최명길(崔鳴吉) 등을 비롯해 조선 시대에 상신(上臣) 3명, 대제학(오늘날의 국립대 총장) 2명, 청백리(淸白吏) 3명을 배출한 명문가이기에 충절과 청렴결백한 집안의 가풍 위에 신 앙의 뿌리를 내리고 싶었다. 조상에게 물려받은 DNA와 하나님 아버지가 주신 믿음을 축으로 우리 가정을 믿음의 명문가로 새롭게 만들고 싶었던 것이다.

내가 1세대 신앙인이라는 책임감을 가지고 정한 시간에 가정예배를 드리고, 틈날 때마다 성경을 들려주고, 성경대로 사는 모습을 보여 주려 부단히 노력했다. 하나님은 그 노력을 헛되게 하지 않으셨다. 3남매가 하나님의 사람으로 잘 자라 주었을 뿐더러 우리 부부가 그랬던 것처럼 그들도 자녀에게 성경을 가르치며 하나님 중심의 세계관을 심어 주고 있다.

집안의 새로운 전통이 세워지고 이어지는 데에 하나님의 오묘한 섭리를 부인할 수 없다. 하나님이 나를 택하지 않으셨다면 어쩌면 고향에서 1년에 십여 차례 돌아오는 시제와 기제사를 지내며 평범하게 살았을지도 모른다. 그러나 하나님의 긍휼하심으로 충절과 청렴의 전통에 하나님 중심 신앙을 더한 믿음의 명문가를 이루게 하시니 이게 곧 가족 사랑의 효가 아닐까 싶다.

황 집사님 가정의 이야기도 가족 사랑의 효를 실천해 나가며 열매 맺는 이야기라 하겠다. 낯설고 물설고 연고도 없는 타국에서 오직 하나님만 의지하며 말씀대로 살아가는 황 집사님 부부는 우리 교회 청소년부를 열정적으로 섬기던 부부 교사였다. 나라의 어려움이나 교회의 행사를 앞두고 강단에서 금식을 선포할 때도 항상 순종하던 가정이다. 그러다가 십수 년 전 가족이 전부 미국 애틀랜타로 이민을 가게 되었는데, 그곳에 가서도 지킨 한 가지 원칙은 한국에서처럼 매일 새벽에 가정예배를 드리는 것이었다고 한다.

어려운 상황은 계속되었다. 이민 2년째 되던 해, 통장 잔고는 바닥이 났고 계획도 없는 상황이 이어졌다. 그러나 하나님이 매일 아침 가족이 드리는 예배를 통해 은혜를 주셨고 마침내 아무 연고도 없는 미국 은행을 통해 대출 받을 길을 열어 주셨다. 생각지도 못한 방법으로 사업의 길이 열리면서 중고차 구매와 판매를 대행하는 자동차 쇼핑몰을 열었고 은혜가 더해져 사무실을 확장 이전하는 복까지 받았다. 황 집사님의 정직과 신뢰를 바탕으로 한 사업은 입소문을 타고 재미 동포는 물론 현지인에게까지 널리 퍼져 조지아 주를 대표하는 자동차 쇼핑몰로 꾸준히 성장하게 되었는데, 하나님은 여호와를 경외하는 그 가정의 자녀에게도 골고루 은혜를 부어 주셨다.

언어도 다르고 문화도 다른 나라에서 자리 잡기 위해 부모가 하나님 앞에 몸부림치며 기도하는 소리를 들으며 자란 세 자녀는 신앙의 사람이 되었다. 모이면 기도하고, 하나님이 어떻게 해결해 주셨는가를 나누는 이들이 되었다. 눈물로 기도하고 예배하는 부모를 보며 자란 덕에 그리스도인의 정체성을 잃지 않고 성장했다. 무엇보다 이국적 문화 속에서 한국인이라는 사실에 자부심을 느끼며 한국의 홍보대사 역할을 톡톡히 해냈고 교회에서도 하나님이 주신 달란트로 드럼과 베이스, 클라리넷, 피아노 반주로 봉사했으며, 황 집사님 내외도 교회에서 헌신하는 귀한 일꾼으로 살아가고 있다. 이처럼 가정이 신앙 공동체, 사랑 공동체로 세워질 때 가족 사랑의 효가 완성된다.

제5효 :
나라 사랑 · 국민 사랑

인천순복음교회에 오고 난 뒤 성전을 짓고 부흥을 위해 동분서주할 때였다. 인천 시민 모두를 전도하겠다는 꿈을 품고 1987년 6월 28일 총동원 전도주일을 계획하며 100일 작정기도 중이었다. 한창 부흥의 불꽃이 타오르던 터라 오로지 전도를 위해서 기도해도 부족할 때였는데, 작정기도를 진행하면서 나라를 위해 더 많은 기도가 나왔다. 이를 본 성도들 중에 의아하게 생각하는 이들이 꽤 많았다.

"지금 우리나라가 많이 힘든 상황입니다. 어려운 때일수록 나라를 위해 기도하는 게 맞습니다. 이스라엘 백성들이 나라가 어려울 때 미스바에 모여 회개하며 기도했을 때 회복이 일어났던 것처럼 우리도 나라를 위해 기도합시다."

웬일인지 하나님이 다른 기도할 시간을 허락지 않으시고 나라를 위한 기도만 시키셨다. 아마 풍전등화와 같은 나라의 상황을 지켜보며 마음 아파했던 이 부족한 종의 마음을 아셨기에 마음의 소원을 더 크게 넣으셨던 것 같다.

이전부터 나는 나라만 생각하면 그토록 눈물이 났다. 전쟁을 경험하고 나라의 어려운 상황을 함께 겪어 와서 그런지, 나라가 조금만 어려우면 자동으로 금식하며 기도하게 된다. 나라의 일이라면 머리보다 가슴이 먼저 반응한다고 할까. 목회 초기부터 나라가 어려울 때마다 여의도 광장에서, 서울 시청 앞 광장에서 새벽기도로, 저녁기도회로 모여 금식하고 눈물을 흘렸다. 내가 나라의 어려움 앞에 무조건 엎드리는 것은 몸이 아픈 사람이 약을 찾는 것과 같은 반응이다.

전후 세대나 전쟁의 아픔을 실제로 겪지 않은 사람들은 이해하지 못할 것이다. 그러나 나는 나라 없는 서러움과 고통을 목격하며 자랐고, 전쟁의 피비린내와 격변기의 소용돌이를 지나온 세대다. 그래서 강요하거나 시키지 않아도 나라가 조금만 혼란스러우면 하나님 아버지 앞에 두말없이 엎드린다. 내가 유별나서가 아니라 전쟁의 아픔을 겪었기 때문에 기도가 절로 나오는 것이다.

그때도 그랬다. 온 나라가 민주화 투쟁으로 어지러운 때였다. 이에 작정기도를 통해 구국기도를 작정했고 우리 교회 천여 명의 성도들은 송도 뒷산에 올라 눈물로 부르짖었다. 얼마나 크게 기도했는지

인근 주민의 신고를 받고 경찰관이 산에 올라온 적도 있다. 신고를 받고 올라온 경찰관은 나라를 위해 울며 기도하는 성도들의 모습에 아무 말도 하지 못하고 내려가곤 했다.

100일 작정기도가 끝나고 총동원주일 다음 날, 기적 같은 일이 일어났다. 1987년 6월 29일, 노태우 총재가 민주화선언을 발표했다. 사람들은 이 민주화선언을 오랜 민주 투쟁의 결과로 보았지만 우리는 하나님의 응답이라고 확신했다. 그럴 만큼 죽을힘 다해 구국기도를 했기 때문이다. 이러한 증거가 있기 때문인지, 우리 성도들은 목사가 말하기 전에 나라를 위해 우는 구국기도의 용사들이 되고 있다. 성경적 7효 중 5효를 나라 사랑으로 정한 것은 우리가 속한 곳에 대한 효심이 있어야 함을 강조하고 싶어서다. 나라 없이 내가 존재할 수 없고 나라 없이 교회가 존재하지 못한다.

2차 세계대전이 한창일 때 미국 국방부가 사병들에게 '우리는 왜 전쟁터에서 목숨을 걸고 싸우는가'라는 주제로 글을 쓰도록 했다. 대부분의 사병들이 '나라를 위해', '가족의 안전을 위해' 싸운다는 요지의 글을 썼는데, 한 사병이 이런 글을 썼다고 한다. '우리 마을에 있는 큰 나무를 좋아한다. 나는 그 나무를 지키기 위해 싸운다.'

이 글은 큰 감동을 주었는데, 애국심은 우리 마을, 우리 지역에 대한 사랑의 파장이다. 직장이나 가족, 향토에 대한 애정이 애국심의 뿌리가 되는 것이다. 국민을 위하고 평화를 사랑하는 나라를 만들기 위해 발휘되는 마음이 애국심이기에, 나라사랑의 효는 거듭 강조해도 중요하고 하나님이 말씀하신 사랑의 본질과도 같다.

그러므로 나라를 위해 우는 사람, 나라를 위해 울며 금식기도 하는 사람은 신앙심과 애국심을 조화시킨 그리스도인이다. 성경 7효 중 다섯 번째 효로 나라 사랑을 정하고 인천순복음교회를 통해 하나님 나라의 애국자와 조국의 애국자를 배출해 내고 싶었다. 그래서 민족의 위기 앞에 눈물로 기도하고 악을 행할 때는 책망하며 앞장서 회개운동을 벌여 왔다. 절기나 국경일은 물론 평상시에도 '애국'에 관해 자주 설교하기에 성도와 교역자, 심지어 가족 모임과 외부 모임에서도 애국은 빠지지 않는 화두다.

IMF 사태가 발생했던 당시, 국회에서 열린 국가조찬기도회에서 설교를 하게 되었다. 당시 우리 교회는 매일 아침 금식을 하면서 '빚 청산을 위한 21일 새벽기도회'를 하고 있었다. 조찬기도회 설교에서 당리당략과 사리사욕에 빠져서 나라를 이용해서는 안 된다고 당부하면서 '나'보다 '나라'가 먼저이며, 단체의 이념과 기업의 이익, 그리고 당과 지역보다 나라가 먼저임을 강조했다.

기도회 후 식사 시간이 되었다. 내가 식사를 하지 않자 어떤 분이 교회적으로 금식한다는 소식을 들었는데 그래서 식사를 하지 않으시냐고 물었다. 대답하기도 전에 그 옆에 있던 다른 분은 교회에 문제가 있어서 금식하는지 물었다.

"빚이 많아서요."

이렇게 말하자 또 다른 분이 걱정스런 눈빛으로 얼마나 교회 빚이 많길래 그러시냐고 물었다.

"2,800억 달러요."

"네에?"

"네, 지금 우리나라가 진 빚이 2,800억 달러나 되잖습니까. 그래서 금식하며 기도하고 있습니다."

순간 식사장 분위기가 숙연해졌다. 2,800억 달러! 당시 IMF에 진 대한민국의 빚이었다. 나라의 빚은 내 빚이고, 교회의 빚이다. 당연히 기도해야 했고 금식해야 했다.

나라가 흔들리는데 어떻게 가만히 있을 수 있겠는가? 모세도, 느헤미야도, 에스더도, 바울도 나라를 위해 생명을 걸고 기도했다. 믿음의 선조들이 자신의 나라가 위험에 처했을 때 하나님 앞에 나아가 엎드려 회개하며 기도했던 신앙을 본받아야 한다. 하나님은 그 한 사람의 나라를 위한 구국기도를 받으시고 나라를 회복시켜 주신다. 그러니 교회도 성도도 하루속히 나라를 위한 기도를 회복해야 한다. 그것이 나라를 향해 효하는 것이다.

"모세가 여호와께로 다시 나아가 여짜오되 슬프도소이다 이 백성이 자기들을 위하여 금 신을 만들었사오니 큰 죄를 범하였나이다 그러나 이제 그들의 죄를 사하시옵소서 그렇지 아니하시오면 원하건대 주께서 기록하신 책에서 내 이름을 지워 버려 주옵소서"(출 32:31-32).

"모르드개가 그를 시켜 에스더에게 회답하되 너는 왕궁에 있으니 모든 유다인 중에 홀로 목숨을 건지리라 생각하지 말라 이때에 네가 만일 잠잠하여 말이 없으면 유다인은 다른 데로 말미암아 놓임과 구원을 얻으려니와 너와 네 아버지 집은 멸망하리라 네가 왕후의 자리를 얻은 것이 이때를 위함이 아닌지 누가 알겠느냐 하니 에스더가 모르드개에게 회답하여 이르되 당신은 가서 수산에 있는 유다인을 다 모으고 나를 위하여 금식하되 밤낮 삼 일을 먹지도 말고 마시지도 마소서 나도 나의 시녀로 더불어 이렇게 금식한 후에 규례를 어기고 왕에게 나아가리니 죽으면 죽으리이다"(에 4:13-16).

예루살렘이 멸망할 때 포로로 잡혀간 느헤미야는 바사 제국의 신임을 받는 왕의 술 관원이었다. 포로로 끌려갔지만 술 관원까지 되었다는 건 굉장한 성공이요 앞날이 보장되는 삶이었을 것이다. 하지만 그런 그가 고국 예루살렘 성이 훼파되었다는 소식을 듣고 수일 동안 슬퍼하며 기도했다. 민족의 죄를 자신의 죄로 여기며 금식하며 기도했다. 나라를 위한 기도는 바사 제국의 왕의 마음도 감동시켜 느헤미야로 하여금 고국으로 돌아가 예루살렘 성을 중건하도록 했다.

나라를 사랑하는 것, 안타깝게 여기는 것이 나라에 대한 효다. 미우나 고우나 나의 조국이다. 느헤미야처럼 에스더처럼 모세처럼 조국의 죄를 대신 회개하며 회복을 위해 기도하는 게 믿는 자들의 도리다. 또 하나, 조국에 대한 사랑을 가르쳐야 한다.

나는 태평양전쟁이 발발한 1941년에 태어났다. 1941년은 일제 강점기 제3기에 해당되는 시기로 일제가 민족 말살 정책과 병참 기지화 정책을 펴던 파쇼 통치기다. 일제는 일제와 조선은 하나라는 억지

논리로 문화 말살 정책을 펴며 우리말과 한글을 쓰지 못하게 하고 한글 신문과 잡지를 폐간시켰다. 또 신사참배를 강요하고, 단발령과 창씨개명, 일본어 상용을 강요하며 민족혼을 말살하려 했다. 때문에 우리 문화에 왜색이 덧칠됐지만 민중들은 저항했다.

다섯 살 되던 해에 드디어 해방되었으나 조선은 정치·경제·문화 등 사회 전반에 걸친 심각한 후유증과 국토 분단과 민족 분열의 비극을 떠안아야 했다. 그로부터 5년 뒤 한반도는 전쟁의 화염에 휩싸였다. 해방의 기쁨이 뭔지는 몰랐으나, 전쟁의 아픔은 뼛속까지 체감했다. 우리 집도 전쟁의 격랑을 피해 가지 못하고 아버지와 두 분의 작은아버지를 잃었다. 아버지의 부재와 그로 인한 그리움, 또 유년 시절부터 청년기까지 줄곧 따라다닌 궁색한 살림은 전쟁의 후유증이었고 상처였다.

역사의 소용돌이 속에서 나의 조국은 그리 좋은 기억을 남기지 않았지만 부끄러운 역사를 되풀이하지 않으려면 기억해야 한다는 말을 되새기려고 한다. 때문에 명절날과 아버님의 추도예배 날이 되면 족보를 펴 놓고 자녀에게 '우리 가족사'에 대해 들려준다. 6·25 전쟁을 빼놓고는 말할 수 없는 가족사는 물 흐르듯 애국에 대한 이야기로 옮겨진다. 이야기를 하다 보면 아버지에 대한 그리움, 전장에서 이슬로 사라진 작은아버지에 대한 안타까움, 전쟁을 통한 구원과 목회자의 길로 인도하신 하나님의 섭리, 그리고 끝없이 반복되는 우리 역사에 대한 답답함이 한데 섞인 눈물이 흐른다.

가족사와 함께한 조국에 대한 이야기를 들은 자녀들은 자연스럽게 조국을 사랑하게 되고 기도가 확장된다. 이는 성도에게까지 옮겨가 조국에 대한 사랑을 가르쳤다. 요즘에는 그 의미조차 알지도 못하는 국경일의 의미를 되새기는 차원에서, 삼일절 주간이면 항상 삼일절의 역사적 의미를 되새기며 삼일절 노래를 불렀고, 광복절에는 광복절 노래를, 개천절에는 개천절 노래를 부르고, 제헌절에는 제헌절 노래를 불렀다. 학교에서도 국경일 노래조차 부르지 않기에 국경일 노래를 모르던 학생들도 잘 따라 부른다. 한 번쯤 의미를 되새겨 나라의 역사를 새겨보는 게 너무도 중요하다는 것을 새삼 느낄 수 있다.

애국은 나 혼자만 하는 건 아니다. 나라를 구성하는 많은 구성원의 사랑이 더해져 애국의 힘이 발휘될 수 있다.

"장한 아들 보아라. 이제 너는 죽을 것이다. 사형을 언도받으면 항소하지 마라. 네가 벌한 이들에게 용서를 구할 수는 없는 법이다. 어미보다 먼저 죽는 것을 불효라 생각지 마라. 작은 의에 연연치 말고 큰 뜻으로 죽음을 받아들여라."

이토 히로부미를 사살하고 현장에서 체포된 안중근 장군에게 사형이 선고되었을 때 안중근의 어머니 조마리아 여사는 아들에게 항소하지 말 것을 당부하며 이 편지를 보냈다. 이렇게 단호한 결단을 내릴 수 있었던 것은 신앙에서 기인한다. 안중근 장군은 한국의 모세, 한국의 사도 바울이라는 평가를 받을 정도로 신앙심과 애국심을 조화시킨 인물이다. 그런 그의 신앙은 어머니인 조마리아 여사로부터 전수

되었을 터, 아마도 조마리아 여사는 천국에서 아들을 만날 것이라 확신했기에 죽음을 받아들이라고 가르쳤을 것이다. 신앙과 나라 사랑의 효심이 만나 대대에 이르러 귀감이 되었으니 신앙을 지닌 우리가 더욱 나라 사랑의 효를 감당해야 하며 가르쳐야 할 것이다.

요즘 젊은이들은 애국이라는 말을 싫어한다. 애국은 권장 사항이지 의무 사항이 아니라고 말한다. 나라야 어떻게 되든 나만 잘되면 그만이라는 생각이 팽배하다. 그러나 나라와 상관없는 국민은 없다. 애국은 거창한 것이 아니다. 신호를 잘 지키고, 쓰레기를 함부로 버리지 않고, 물을 아끼고, 부정부패하지 않고, 자녀를 잘 키우는 것이 바로 애국이다. 자기 일에 성실하고 책임을 다하며, 실력을 갖추고, 내 목소리를 낮추고 상대방의 소리에 귀를 열어 두는 것도 애국이다. 누가 보든 안 보든 바르게 사는 것이 애국임을 알고도 젊은이들이 애국이라는 말을 싫어할까? 그렇지 않을 것이다.

나라를 사랑하지 않는 사람은 없지만 전 국민이 애국자는 아니다. 모두 나라 걱정은 하지만 애국하는 행동은 부족하다. 한국의 그리스도인은 두 개의 'C'를 위해 사는 존재다. 하나는 'Christ', 또 하나는 'Corea'다. 우리에게는 신앙심과 애국심을 조화시키며 살아야 할 책무가 있고, '기도'는 그 책무 가운데 하나다.

제6효 :
자연 사랑 · 환경 보호

하나님이 이 땅을 창조하실 때 사람을 창조하시기 전에 사람이 살아갈 환경을 먼저 만드셨다. 마지막 날 사람을 만드셨던 것은 그만큼 사람을 사랑하셨기에 살아갈 환경을 제공하신 의미도 있고 만물의 영장인 사람이 자연보다 뛰어난 능력을 지녔음을 보여 주시는 동시에 어떻게 자연과 더불어 살 것인지 알려 주시기 위함도 있다.

창세기를 보면 창조주 하나님이 아담에게 자연의 이름을 붙이도록 하시는 장면이 나온다. 이름을 부른다는 것은 가치를 부여한다는 것을 의미한다. 사람에게 자연을 지키는 청지기로서의 사명을 주셨다는 뜻도 된다.

"하나님이 이르시되 내가 온 지면의 씨 맺는 모든 채소와 씨 가진 열매 맺는 모든 나무를 너희에게 주노니 너희의 먹을거리가 되리라 또 땅의 모든 짐승과 하늘의 모든 새와 생명이 있어 땅에 기는 모든 것에게는 내가 모든 푸른 풀을 먹을거리로 주노라 하시니 그대로 되니라 하나님이 지으신 그 모든 것을 보시니 보시기에 심히 좋았더라 저녁이 되고 아침이 되니 이는 여섯째 날이니라"(창 1:29-31).

성경 7효 중 여섯 번째는 '자연 사랑·환경 보호'이다. 인격체가 아니라는 이유로 우리를 둘러싼 자연 환경을 마구 대하는 자세에 대한 경종이기도 하다.

자연과 인간은 그 생명을 향유함에 있어 운명 공동체다. 결코 자연이 인간의 착취 대상이 될 수 없다. 우리의 작은 움직임이 다른 생명체에 영향이 되듯 다른 생명체의 작은 움직임이 각자에게 영향을 준다.

숲이 망가지면 공기가 정화되지 못하고, 사람은 숨 쉬기가 곤란해지며 폐가 고장 난다. 공장의 폐수로 인해 물이 오염되면 그 물을 먹고 자란 생물체로 인해 사람들은 중금속 중독이라는 치명적인 병을 얻는다. 인류를 위협했던 수많은 세균도 그렇다. 더러운 폐수 시설로 오염된 생물체가 인간을 위협하는 매개체가 되고 있다. 꼭 위협적인 사례만이 아니더라도 자연과 인간은 공존하는 관계로 지으심을 받았기에 아끼고 사랑해야 하는 게 마땅하다.

그러려면 우리가 자연을 통해 얻는 엄청난 혜택을 돌아볼 필요가 있다. 볕이 뜨거운 8월의 한낮, 숲에서 불어오는 시원한 바람 한 자락, 땅에서 거둔 양식들, 근원을 알 수 없지만 지속적으로 흐르는 물 등 자연이 주는 혜택, 공짜로 얻는 혜택이 참 크다.

어려서부터 농사를 짓고 지낸 탓에 땅에서 얻는 소산물의 의미를 가지고 있던 나로서는 볍씨 한 알이 주는 감사를 잘 안다. 볍씨 한 알을 심으면 평균 3대가 올라오고 한 대에서 최소 60개의 낟알이 맺힌다. 그러니 볍씨 한 알에서 최소 200개의 열매가 맺힌다.

나무 한 그루를 심으면 어떤가. 이는 최소 1석 5조의 유익이 있다. 수해 예방과 산소 공급이 되고 목재와 열매를 얻을 수 있으며 나무가 주는 풍류와 선선함까지 더한다. 이처럼 자연을 통해 깨끗한 공기로 숨을 쉬고 맑은 물을 마시고 계절의 아름다움도 누린다. 몸과 마음도 쉴 수 있다.

문제는 이러한 자연의 혜택은 뒤로하고 청지기의 사명을 다하지 못한다는 것이다. 그토록 풍족하다고 느낀 식량 부족 사태에 대해 UN 보고서가 나오고 물 부족은 말할 것도 없다. 지금 주변을 봐도 먹을 것이 넘쳐나는데 지구상의 인구 70억 중 10억 인구가 못 먹어 병들어 죽어 가고 있다.

환경 문제는 더욱 심각하다. 구제역과 같은 가축들의 질병은 열악한 축산 현장에서 비롯되는 경우가 많다. 식품첨가물의 오용과 남용, 생활습관병이 창궐하게 된 것도 환경에 대한 지킴이 제대로 이루어지지 않아서다.

인간의 욕심 때문에 자연이 훼손되고 환경이 파괴되는 것을 멈추고 사랑의 눈으로 보아야 한다. 하나님이 창조하신 모든 것은 보시기에 심히 좋았기에 그 좋은 상태, 서로 조화를 이루는 질서 정연한 모습을 회복해야 한다.

"눈을 명하여 땅에 내리라 하시며 적은 비와 큰 비도 내리게 명하시느니라 그가 모든 사람의 손에 표를 주시어 모든 사람이 그가 지으신 것을 알게 하려 하심이라 그러나 짐승들은 땅속에 들어가 그 처소에 머무느니라 폭풍우는 그 밀실에서 나오고 추위는 북풍을 타고 오느니라 하나님의 입김이 얼음을 얼게 하고 물의 너비를 줄어들게 하느니라 또한 그는 구름에 습기를 실으시고 그의 번개로 구름을 흩어지게 하시느니라 그는 감싸고 도시며 그들의 할 일을 조종하시느니라 그는 땅과 육지 표면에 있는 모든 자들에게 명령하시느니라"(욥 37:6-12).

그러므로 자연 사랑·환경 보호는 우리가 성경적 효를 실천할 때 필요한 덕목이다. 인천순복음교회에서는 6효의 실천 방안으로 온 성도가 자연보호 차원에서 여러 활동을 하고 있다.

전 성도가 교회 주변 쓰레기를 줍는 운동은 물론이고 각 가정에서 실천할 수 있는 자연보호운동 캠페인도 한다. 처음에는 몇 번 저러다 말겠지 하는 시선도 보였지만 교회 차원에서 효 운동을 펼치고 그 속에 자연 사랑, 어른 사랑을 지속하다 보니 이제는 어디에서나 인정받고 있다.

솔직히 환경 문제의 가장 큰 해결책은 적게 쓰는 것이다. 자원은 무제한적으로 있지 않기에 어렸을 때부터 절제할 수 있는 습관을 길러 주는 본보기 교육이 필요한데 버려지는 것을 최소화하도록 작은 것부터 실천하는 일을 가르치고 본을 보이면 된다.

하나님은 분명히 우리에게 생육하고 번성하여 땅에 충만하라고 하셨다. 또한 땅을 정복하고 바다의 고기와 공중의 새와 땅에 움직이는 모든 생물을 다스리라고 하셨다. 이 다스리라는 의미는 수직 관계의 복종이 아닌 더불어 살고 청지기로서 사명을 다하여 사랑하라는 의미일 것이다.

다스리라는 의미는 수직 관계의 복종이 아닌
더불어 살고 청지기로서 사명을 다하여
사랑하라는 의미일 것이다.

제7효 :
이웃 사랑·인류 봉사

과테말라의 수도에서 3시간가량 떨어진 곳에 알모롱가라는 작은 도시가 있다. 알모롱가는 극심한 빈곤과 성적 타락, 폭력과 알코올 중독, 무지와 질병이 지배하는 버림받은 땅이었다. 도시에 있는 4개의 감옥은 수용에 한계를 느낄 정도로 범죄자로 가득했고, 주민의 대부분은 마시몽이라는 우상을 숭배했다.

그런 알모롱가가 지금은 '교회의 도시'라고 불린다. 그리스도인이 단 한 명도 없던 이 도시에 복음화가 이뤄져 92%의 주민들이 그리스도인이 되었다. 언제나 범죄자들로 넘쳐나던 4개의 감옥은 관공서와 예식장으로 바뀌었다. 마을의 폭력배들은 목사가 되었고, 술집은 문을 닫았다. 뿐만 아니라 언제부터인가 토양이 비옥해져서 모든 농작

물의 크기가 2-3배씩 커지고 맛도 좋아졌다. 수확량이 무려 1,000배 이상으로 늘어나 빈곤이 퇴치됐다. 믿을 수 없는 변화에 여러 나라의 농업 전문가들이 조사를 벌였으나 원인을 찾지 못했다.

알아보니 알모롱가의 기적의 중심에는 이 지역 출신인 마리아노 목사의 목숨을 건 기도가 있었다. 마리아노 목사도 원래 마을 사람들처럼 술독에 빠진 사람이었다. 그런 그가 어느 날 하나님의 음성을 듣고 성령을 체험한 뒤 변화되어 1974년부터 자신의 고향을 위해 목숨을 걸고 기도하고 있다. 기도하는 동안 수많은 협박과 위협에도 시달려야 했다. 한번은 6명의 괴한이 마리아노 목사님을 붙들고 입에 총구를 넣고 방아쇠를 당긴 일도 있었다. 그런데 총알이 발사되지 않고 딸그락거리는 소리만 계속 나자 폭력배들이 겁을 먹고 달아났다.

이러한 기적이 일어날수록 복음 전파를 방해하는 핍박과 위험이 끊이지 않았다. 그러나 하나님의 강력한 역사로 마을 사람들이 변화되기 시작했고 그 지역은 복음의 도시로 변화되었다.

한 사람의 변화가 도시 전체를 변화시킨 이 기적 같은 이야기는 전 세계 목회자들에게 도전을 준다. 하나님은 알모롱가의 기적이 알모롱가로 끝나는 걸 원치 않으실 것이다. 많은 도시가 알모롱가처럼 변화되기를 바라신다. 하나님은 나 혼자만 변화되고 복 받는 것을 기뻐하지 않으신다. 개교회의 부흥에만 만족하고 안주하는 것도 원하지 않으신다. 하나님은 우리가 받은 능력과 변화를 가지고 사회를 변화시키라고 말씀하신다.

이스라엘 백성에게 가나안 땅을 정복하라고 하신 것은 그 땅에서 잘 먹고 잘살라는 게 아니다. 죄악으로 더럽혀진 가나안 땅을 변화시키라는 게 정복의 이유이자 목적이었다. 그런데 이스라엘 백성은 그 땅의 어두움을 쫓아내지 못하고 오히려 가나안 사람처럼 되었다. 이 사실에 우리는 주목할 필요가 있다. 우리에게 주어진 사명이 무엇인지 알고 행해야 한다.

여의도순복음교회 교무국장을 역임하기 직전, 수원의 한 대형 교회의 담임목사로 초빙된 적이 있다. 조용기 목사님 밑에서 좀 더 배우고 싶은 열망이 큰 데다 아직 담임 목회를 하기에는 부족하다 싶어 정중히 거절했다. 그러다 불과 1년 뒤 인천의 지하 성전으로 파송되었다.

인천이라는 도시를 처음 가게 되면서 가장 놀랐던 점은 지역 주민들의 패배의식이었다. 그다음으로 놀랐던 것은 도심 어디에도 반듯한 사거리가 없다는 점이었다. 한마디로 환경도 사람도 후퇴하고 있는 듯한 느낌이었다.

나는 인천에 부임하고 나서 33년 전 이곳에 우리 가족의 목숨 값을 빚졌다는 사실을 알고 인천시와 시민 모두가 잘사는 꿈을 품었다. 그래서 처음부터 교회 중심이 아닌 지역 중심의 목회를 했다. 인천 시민 중 한 명이라도 더 예수님을 알았으면 했고, 인천시가 살기 좋은 도시, 거룩한 도시가 되는 데 우리 교회가 사용되기를 바랐다.

지금도 인천을 위해 한 일 하나를 꼽자면 인천국제공항 서명 운동을 한 것이다. 오늘의 인천국제공항이 '인천국제공항'이 될 수 있었던 데는 인천순복음교회의 역할이 크다. 1996년 인천국제공항은 '서울세종공항'이라는 이름으로 거의 확정된 상태였다. 이 사실을 알게 된 나는 인천 지역의 47개 시민단체장들과 만나 공항 명칭 변경 서명운동을 제의했다.

"인천시에 지어지는 공항인데 왜 서울세종공항이라는 이름이 되어야 합니까. 인천국제공항으로 바꿔야 합니다. 만일 지금 이름으로 결정된다면 공항에서 발생하는 각종 세금이 서울시로 들어가는데 인천시는 땅만 내주고 빈손이 될 겁니다. 우리 인천을 살려야 합니다."

일일이 찾아다니며 설득한 공항 명칭 변경 서명운동은 한 달 동안 54만 명의 서명을 받았고, 결국 인천국제공항이라는 명칭을 사용하게 됐다. 54만 명의 서명 중 우리 교회 성도들이 서명을 받아 낸 숫자가 42만 명에 달하니 오늘날 인천국제공항의 이름을 갖게 된 데 뿌듯함을 가질 만도 할 것이다.

다행히 37년이 지난 2020년의 인천은 달동네에서 동북아의 허브 도시로 발돋움했다. 국제적인 공항과 항만을 갖추며 동북아 물류혁신센터를 구축했고, 물적·인적 인프라를 조성해 국제 비즈니스 허브 도시로 비상했다. 동북아의 사람, 화물, 정보 교류의 중심 기지로 충분히 역량을 발휘하고 있는 것이다. 이러한 성장의 중심에는 인천국제공항과 인천경제자유구역이 있다. 세계 최대 규모를 자랑하는 인천국제공항은 서비스, 기술력, 문화, 예술이 조화를 이룬 공항이라는 찬사를 받으며 5년 연속 '세계 최고 공항상'을 받아 3년 연속으로 상을 받은 두바이공항을 앞질렀다.

37년째 인천 시민으로 살아가며 이 도시의 성장과 발전을 지켜보는 뿌듯함과 보람은 말할 수 없이 크다. 물론 그 속에서 우리 교회가 해낸 역할도 있기에 더욱 그렇다. 그런데 그보다 중요한 것은 인천이라는 지역에 대한 사랑과 섬김의 마음이었다.

인천에 목회자로 와서 가졌던 마음 중 하나는 교회의 부흥과 함께 교회 밖으로 나아가 사회와 함께하는 교회, 지역사회에 유익한 영향을 끼치는 교회가 되길 바란 것이다. 그것이 교회가 해야 할 역할이라는 생각에 우리가 속한 인천이라는 지역이 좀 더 선한 방향으로 발전하는 데 한 몫을 담당하길 기도했다.

인천국제공항 명칭 변경을 주도하고, 인천성시화운동에 앞장서고, 민족 복음화를 부르짖고, 헌혈을 하고, 음지를 찾아다니며 사회적 약자를 돌본 배경 뒤에는 이러한 소망이 있었다. 성도들은 교회가 하는 일에 동참하면서부터 애향심과 자긍심을 갖게 되었다고 고백한다. 인천이 고향도 아닌 담임목사가 인천을 위해 팔 걷어붙이고 나서는 모습을 보며 부끄러웠다는 성도도 있다.

성경적 효 운동을 전개하면서 마지막 7효를 '이웃 사랑·인류 봉사'로 정하게 된 것도 같은 이유다. 하나님이 이스라엘 백성을 가나안으로 이끌어 가시면서 그 땅을 변화시키길 바라셨던 것처럼, 그리스도인으로 하여금 서게 하신 그곳을 복음화하고 섬기며 선하게 발전시켜 나가는 것을 하나님은 원하신다.

성경 7효에 해당하는 이웃을 사랑하고 인류에 봉사하는 것도 그에서 비롯된다. 효는 나 아닌 다른 대상을 섬기는 포괄적 의미가 있다. 예수님 사랑을 닮아 그 사랑을 전하고 섬기는 것이 효다. 하나님은 분명히 이웃을 섬기고 사랑하라고 명령하셨다.

"형제들아 너희가 자유를 위하여 부르심을 입었으나 그러나 그 자유로 육체의 기회를 삼지 말고 오직 사랑으로 서로 종노릇하라"(갈 5:13).

"서로 대접하기를 원망 없이 하고 각각 은사를 받은 대로 하나님의 여러 가지 은혜를 맡은 선한 청지기같이 서로 봉사하라 만일 누가 말하려면 하나님의 말씀을 하는 것같이 하고 누가 봉사하려면 하나님의 공급하시는 힘으로 하는 것같이 하라 이는 범사에 예수 그리스도로 말미암아 하나님이 영광을 받으시게 하려 함이니 그에게 영광과 권능이 세세에 무궁하도록 있느니라"(벧전 4:9-11).

예수님은 우리를 향해 '빛'이라고 말씀하셨다. 빛이 들어가면 주변이 밝아진다. 그러나 과학자 아서 제이욘스(Arthur Zajonc)에 따르면 반사하는 물체가 없으면 빛은 완전한 어두움으로 보인다고 한다. 우리를 둘러싼 사회의 어두움은 참 많다. 아직도 사회 곳곳에는 소외된 이들의 고독과 외로움, 부정과 불공정, 무관심 등이 가득 차 있다. 이런 현실의 어두움에 그리스도인의 사랑이 빛으로 반사될 때 변화가 일어날 수 있다.

이웃은 나를 제외한 모두를 의미한다. 나와 별로 상관없는 것 같은 이들도 이웃이다. 저 멀리 아프리카에서 물을 길러 가는 어린아이도 이웃이고 주변에 소외받고 있는 할머니도 이웃이다. 가장 가까우면서도 먼 북한 동포 역시 우리가 사랑해야 할 이웃이다. 이웃 사랑·인류 봉사는 이웃에 대한 생각을 확장하는 것에서부터 시작한다. 그들을 향해 관심을 갖고 기도하며 도울 방법을 생각하는 것이 사랑이다.

아직도 사회 곳곳에는 소외된 이들의 고독과 외로움,
부정과 불공정, 무관심 등이 가득 차 있다.
이런 현실의 어두움에 그리스도인의 사랑이
빛으로 반사될 때 변화가 일어날 수 있다.

4부

효에서 HYO로!
하모니를 이루다

HYO(효)에서
하모니를
발견하다

       효에 미친 목사, 효 목사로 효 운동을 전개하며 살다 보니 어느 순간 살짝 한계에 부딪힌다는 느낌을 받곤 했다. 여전히 '효' 하면 고리타분한 옛것으로만 여기는 인식도 느껴지는 데다 글로벌 사회에 맞게끔 리모델링이 필요하다는 생각이 들었던 것이다.

    그렇다면 효를 영어로 표현하면 어떨까, 생각을 하다 보니 여러 의견이 나왔는데 우리 음식인 김치를 영어식으로 표현하면 'kimchi'가 되듯 효도 영어식으로 표현하니 'HYO'가 되었다. 이것으로는 부족했기에 각 알파벳에 맞는 의미를 찾아야 했다.

    "목사님, 효의 첫 글자 'H'를 무엇으로 표현하면 좋을까요?"

"H…, Harmony가 있네요."

인천순복음교회 교역자들과 이야기를 나누며 'H'에 대해 생각을 하던 중 갑작스럽게 떠오른 단어가 하모니(Harmony)였다. 남들처럼 영어를 잘하는 것도 아니라 그랬는지 제일 먼저 떠오른 단어가 하모니였다. 그러고 보니 뒤에 오는 'Y'와 'O'는 'Young'과 'Old', 즉 젊은 세대와 기성세대와의 하모니가 곧 효의 근간이라는 생각이 들었다. 듣고 있던 모든 이들이 무릎을 쳤다.

하지만 하나님의 말씀을 대언하는 입장에서 하모니를 알게 하신 이유를 찾고 싶었다. 사실 목회자가 된 이래 줄곧 목회철학으로 삼은 말씀이 있는데 시편 133편 1-3절 말씀이다.

"보라 형제가 연합하여 동거함이 어찌 그리 선하고 아름다운고 머리에 있는 보배로운 기름이 수염 곧 아론의 수염에 흘러서 그의 옷깃까지 내림 같고 헐몬의 이슬이 시온의 산들에 내림 같도다 거기서 여호와께서 복을 명령하셨나니 곧 영생이로다"(시 133:1-3).

이 말씀을 읽으며 늘 연합의 소중함을 깨닫곤 했는데, 자주 읽는 영어 성경에서는 연합이라는 단어를 "Unity"라고 표현하고 있다. 그런데 어느 날, 다른 버전의 영어 성경인 NLT 성경을 읽다가 깜짝 놀랐다. "Harmony"라는 단어가 나온 것이다. 그것도 시편 133편에서 말이다.

"How wonderful and pleasant it is when brothers live together in harmony! For harmony is as precious as the anointing oil that was poured over Aaron's head, that ran down his beard and onto the border of his robe. Harmony is as refreshing as the dew from Mount Hermon that falls on the mountains of Zion. And there the LORD has pronounced his blessing, even life everlasting(Psalm 133:1-3, NLT).

이 말씀을 읽고는 전율이 흘렀다. 신약성경에서는 예수님을 믿어야 영생을 얻는다고 기록되었으며 구약에서는 하나님 백성이 되었으니 하모니 하는 것이 영생이라고 선포하고 있다.

제임스 패커(James Packer) 신학 박사는 NLT 영어 성경을 두고 "지금까지 세상에서 나온 번역 중 가장 표현이 매끄럽고, 가장 성공적으로 번역된 성경"이라고 평가했는데, 정말 그랬다.

내친김에 NLT 성경을 읽어 내려가며 하나님이 얼마나 하모니를 원하시는지 찾아보았다. 실제로 찾아보니 하모니는 마음을 같이함(롬 12:16), 화평의 일(롬 14:19), 뜻이 같음(롬 15:5), 분쟁이 없음(고전 12:25), 조화됨(고후 6:15), 마음을 같이함(고후 13:11), 매는 띠(골 3:14)로 표현되고 있었다. 예수님을 단순한 구세주로 보는 건 낮은 단계의 이해다. 보다 높은 단계로 성경을 이해하면 예수님은 하나님과 우리를 화목하게 하려고 오셨기에 우리에게 "서로 화목하라"고 명령하신 것이다.

효가 곧 하모니이며 세대를 초월한 하모니가 곧 하나님의 뜻이라는 확신이 더 굳어지면서 인천순복음교회는 효를 영어식 발음 표기인 'HYO'로 사용했다. 'HYO'는 세대뿐만 아니라 종교 간의 조화, 지역 간의 조화, 계층 간의 조화를 포괄한다. 지역, 계층, 세대를 뛰어넘어 하모니를 이루는 것이 '효'라는 것이다.

성경 어디에도 한 단어를 놓고 이렇게 하나님이 기뻐하시는 경우는 없는데, 그만큼 삶이 경이롭고, 상쾌해지고, 복되기를 원한다면 하모니를 이루어야 한다. 아무리 잘살아도 관계가 깨지면 고통스럽다. 안타깝게도 세계는 분쟁과 다툼으로 앓고 있고, 사회는 양극화로 신음하고 있고, 가정은 세대 간의 불통으로 절름거리고 있다. 사회는 대립과 갈등으로 혼란스럽고 여러 계층에서 반목과 분열이 심화되고 있다. 가정은 가족 간의 불통으로 급속한 속도로 무너지고 있다. 그 어느 때보다 하모니가 요청되는 시대다.

인천순복음교회는 효를 현대 사회에 맞게 '하모니'로 재해석하고 7가지 사명을 실천함으로 관계의 하모니를 이루고, 모든 사회가 하모니를 이루는 하모니 세상을 지향했다.

하모니란 무엇인가? 하모니란 단순히 화합, 연합, 일치를 뜻하는 것이 아니다. 성경적 효 사상에서 말하는 하모니는 더 큰 의미를 담고 있다. 바로 예수 그리스도의 삶이다. 미움, 원망, 상처의 담을 허무신 예수님의 삶을 닮아 가는 것이다. 예수님은 십자가 위에서 모든 갈등과 다툼과 전쟁을 소멸시키고 인류와 하모니를 이루셨다. 이 땅에 사람의 몸을 입고 오셔서 사람의 죄를 대신 담당하며 하모니를 이루셨다. 인류와 하모니를 이루기 위해 우리의 죄와 허물과 질병을 대신 짊어지고 고통당하셨다. 그 삶을 담아 세상과 사람과 관계의 하모니를 이루도록 하자는 게 기본 이념이다.

대표적인 사례를 성경에서 찾을 수 있다. 아브라함과 이삭, 요셉, 다윗은 미움과 원망과 상처와 갈등의 담을 허물고 하모니를 이룬 대표적 인물이다.

먼저 아브라함은 조카 롯의 목자들이 자신의 목자들과 목초지를 놓고 다투자 조카와 헤어질 것을 결단한다. 이때 조카 롯에게 먼저 땅을 택하라고 하는데, 자신이 웃어른이라는 점을 내세워 먼저 좋은 땅을 택하지 않음으로써 갈등의 소지를 없앴다. 하모니 할 줄 아는 사람이었기 때문이다.

이삭은 우물을 파는 족족 그랄 목자들에게 빼앗겼다. 가는 곳마다 물이 나는 이삭을 시기한 블레셋 사람들은 아브라함 때 판 우물을 막고 흙으로 메운 뒤 그를 내쫓았다. 삶의 터전을 잃고, 옮긴 곳에서 우물을 수차례 빼앗기면서도 이삭은 자신의 권리를 주장하지 않았다. 어수룩한 바보여서가 아니라 진정한 하모니를 이루고자 했기 때문이다.

어디 그뿐인가. 자신을 노예로 판 형들을 용서하고 안심시키며 그 가족들까지 책임지겠다고 약속한 요셉도 하모니를 이루었고, 3,000명의 군사를 이끌고 자신을 죽이겠다고 눈에 불을 켜고 찾아다니는 사울을 해치지 않고 오히려 하나님의 기름 부음 받은 왕의 목숨에 손대지 않은 다윗 역시 하모니의 사람이다.

더 나은 삶은 더 나은 관계로부터 온다. 하모니를 이루면 우리의 삶이 행복해진다. 하모니를 이루는 것이 건강한 신앙이요, 건강한 교회가 되는 길이다. 나아가 하모니를 이루는 것이 건강한 시민이요, 건강한 사회를 만드는 길이다.

우리는 효 운동을 통해 하모니를 이루시는 예수님을 전해야 한다. 예수님이 보여 주신 십자가의 정신이 삶을 통해 드러나야 한다. 우리 교회는 하나님이 깨닫게 해 주신 하모니를 이루기 위해 말씀을 붙들고 성령의 인도하심을 의지하며 전력 질주했다. 시대를 향해 그때그때 주시는 하모니의 메시지들을 선포했다. 다행히 부부가 하나 되고, 부모 자녀가 하나 되고, 온 가족이 하나 되는 간증이 이어지며 하모니의 물결이 일고 있다. 함께 사역하는 후배 목회자들은 이런 나를 "말씀으로 세상을 지휘하는 목회자"라 부르며 자신들도 이 길을 가겠노라 말하니 감동이 아닐 수 없다.

하모니 운동으로 확장된 성경 7효 운동은 곳곳에 하모니를 이루며 열매를 맺어 가고 있다.

HYO,
하모니를
말하다

하모니 운동으로 확장된 효 운동은 사회 곳
곳에 관심을 가지며 펼쳐졌다. 세대와 세대를 잇는 하모니 정신으로,
사람과 사람을 이어 주는 하모니 정신으로, 자연과 사람을 이어 주는
하모니 정신으로, 인류와 사람을 이어 주는 하모니 정신으로 말하고
행하려고 노력했다.

지금까지 수많은 종교가와 철학자, 정치인과 사회운동가가 평화를
외쳤다. 안타깝게도 그 효과가 미비했다. 여전히 세계는 분쟁과 다툼
으로 어려움을 겪고 있다. 진정한 평화를 가져오는 원리인 하모니가
무엇인지 제대로 모르기 때문일 것이다.

진정한 하모니란 단순히 화합, 연합, 일치를 뜻하지 않는다. 하모

니는 평화와 평등, 평안과 행복을 이루는 생명을 의미한다. 하나님이 주시는 평안이 생명인 것처럼 말이다. 겉으로 봐서 손을 잡고 연합을 이룬 것처럼 보이지만 어느 한쪽이 어려움을 당하거나 아픔을 겪는 연합은 하모니가 아니다.

하모니에 대해 이야기를 할 때 자주 오케스트라에 비유한다. 보통 60명에서 120명의 단원으로 이루어지는 오케스트라에는 다양한 악기와 연주자가 있는데 그들이 같은 악보를 보고 곡을 연주해야 한다. 아무리 뛰어난 연주를 한다 해도 각자 자기 실력만 뽐낸다면 그 연주는 실패하고 만다. 연주를 잘하려면 각각의 악기들이 하모니를 이루어야 하는데, 그러기 위해서는 서로가 음을 들어주고 거기에 자신의 음을 맞춰야 한다.

하모니를 이루는 것도 이와 같다. '나만', '나부터'를 주장하면 하모니가 될 수 없다. 서로를 돌아보아야 하고 서로의 입장에 서서 자신의 의견을 조율할 수 있어야 한다. 하나가 전체가 되고 전체가 다시 하나로 모아지는 절묘한 상태를 하모니라고 한다. 어느 한 악기가 튀거나 묻혀지는 일이 없다.

철새가 이동하는 철이 되면 V자 형태로 하늘을 날아가는 기러기들을 볼 수 있다. 신기하게도 서로 충돌하지 않고 기류와 파동의 흐름에 따라 에너지를 하나로 모아 끝없는 행렬을 이어 가며 비행을 한다. 또 우주의 별들은 어떤가. 우주를 운행하는 헤아릴 수 없는 많은 별도 일정한 간격을 사이에 두고 엄청난 속도로 움직인다. 자연의 운행법칙,

생명의 운동 원리가 바로 하모니다. 그러므로 하모니는 단순히 하나 더하기 하나가 둘이 되는 통합을 의미하지 않는다. 부분과 부분이 모여 전체를 이루는 통일을 의미하는 것도 아니다. 오히려 하나 더하기 하나가 무한대를 낳는 시너지 효과를 낳는 개념이다.

요즘 혼밥, 혼족 등의 혼자서 뭔가를 하려는 1인 시대 이야기를 많이 한다. 하지만 하나님이 창조하신 세계는 혼자가 아니라 하모니를 원한다. 형제가 하모니를 이루라고 하셨다. 이는 함께 같이하는 삶을 통해 무한대의 가능성을 꿈꾸라는 선물이다. 모두가 함께 살아가는 세상에서 상대를 돌아보는 것이 결코 손해가 아니며, 서로의 소리를 듣는 과정 속에서 나의 소리를 조율해 갈 때 비로소 주어지는 선물이다. 그렇기에 하모니는 가정과 사회, 나라와 인류라는 공동체가 행복해지는 데 필수적인 실천이고 사상이며 운동이다.

나는 목회를 통해, 교육을 통해, 지역사회 활동을 통해 하모니 정신을 강조하고 또 강조했다. 기회가 있을 때마다 설교나 강의를 통해 하모니 세상을 이루자고 외쳤다. 하나님은 인천순복음교회 담임목사로서의 직분뿐 아니라 효대학원을 중심으로 한 성산효대학원대학교 총장으로, 한국기독교교회협의회(NCCK) 회장으로(2002-2003), 그 후에는 11대 한국기독교총연합회(CCK) 대표회장으로 세워 주셨기에 대외적으로 하모니 정신과 운동에 대해 언급할 기회가 많았다. 목회자들과 만난 자리에서, 교계 지도자들과 만나는 자리에서 나는 효 목사로서 하모니 운동의 필요성을 말했고 그로 인해 많은 목회자가 기꺼이 동역자가 되어 주었다.

직접 나서야 할 때는 거리로 나가 세상을 향해 목소리를 내기도 했다. 지금도 기억나는 하나는 2006년 거리로 나가 1인 시위를 했던 일이다. 당시 예수의 탄생과 부활을 부정하는 영화 〈다빈치코드〉가 상영하기로 되어 있었기에 '영화 상영 반대 관람불가'를 외치며 피켓 시위를 펼쳤다. 성도들은 한기총 대표회장까지 하신 분이 1인 시위가 웬 말이냐며 몸도 마음도 상한다고 말렸다. 한편에선 1인 시위를 해도 영화는 상영되며 오히려 시위를 통해 영화를 홍보해 주는 꼴이 된다는 회의적인 이야기도 했다. 그럼에도 불구하고 1인 시위를 했고 이유를 묻는 기자들에게 이렇게 답했다.

"나는 목사이기 이전에 한 사람의 그리스도인으로서, 하나님의 아들이자 예수님의 제자 된 자로서 가만히 보고 있을 수 없어 이렇게 나섰습니다. 하나님과 예수님 또 성경을 모독하는 이런 영화가 돈벌이를 위해 만들어지는 것을 보니 내가 모욕을 당하는 것보다 천배 만배 아픔을 느낍니다."

성경 1효에 해당하는 하나님을 아버지로 모시는 효 정신을 행동으로 옮겼을 뿐인데, 이 말에 감동받은 이들이 기사화를 해 주어 위로가 되었다. 더 큰 위로도 있었다. 지금은 천국 가신 온누리교회 하용조 목사님이 얼마 뒤 전화를 걸어 오셨다.

"목사님, 나 그거 봤어요."

"뭘? 뭘 봤어요?"

"TV에서 1인 시위하는 장면이 나오더라구요. 제가 정말 미안해요. 미국에 있는 바람에 소식도 듣지 못하고…. 형님이 홀로 거기서 고생하시는데 제가 뒤에라도 서 있어 드렸어야 하는데 그러지 못해 죄송합니다."

떨리던 하 목사님의 목소리에 진심이 느껴져 환갑도 넘은 두 목사가 전화기를 붙들고 울먹거렸던 기억이 난다.

주어진 자리에서 하모니 정신을 열심히 전했지만 그래도 뭔가 부족하다는 생각에 방법을 고민하던 중 어느 날 성령이 지혜를 주셨다. 지면을 활용하여 알리는 방법이었다. 언론에 기사 한 줄 나가는 게 쉬운 일이 아니지만, 광고를 통해 생각을 전하면 서로에게 윈윈이 아닐까 싶었던 것이다. 비록 사비를 털어 광고를 내야 했지만 하나님이 주신 생각인 만큼 널리 알리는 것이 책무라는 생각에 바로 실천으로 옮겼다.

2012년부터 시작한 지면 광고는 지금까지 계속되고 있으며, 〈국민일보〉를 비롯한 주요 언론 매체에 지면 광고를 싣고 있다. 지면을 통한 하모니 시리즈 광고는 목회자로서는 아마 처음으로 시도한 것으로 적지 않은 파장을 일으켰다.

경제적으로는 부담이었지만 지면 광고를 통해 우리 교회가 펼치고 있는 효&하모니 정신에 대해 정확한 취지를 밝힐 수 있었고, 이것이 성경적 효에서 기반한 기독교 정신을 지향하는 동시에 범국민적인 대통합 운동으로 나아가자는 방향성을 분명히 할 수 있었다.

지금도 나는 "한 손에는 성경을 한 손에는 신문을"이라고 말한 칼바르트의 의견에 전적으로 동의하기에 사회적 이슈에 관심을 갖고 적극적으로 소리를 내고 참여해야 한다는 입장이다. 이전에 설교 강단에 서기 전 대부분의 신문 내용을 숙지하고 올라갔던 것도 그런 이유에서다. 알아야 기도할 수 있기 때문이다. 아무리 종이책이 점점 사라지고 전자책이 대세인 시대, 지면보다 화면을 선호하는 시대로 간다 하지만 여전히 지면이 주는 위력이 있다.

이 지면 광고를 통해 우리가 생각하는 진정한 하모니 정신과 효를 접목하여 말하고, 성경 7효에 담긴 하모니 정신을 말했다. 새벽마다 성령님이 지혜와 통찰력을 주셔서 헤드라인이 떠오르게 하셨고 주제가 생각나게 하셨다.

효(HYO)가 곧 국민 행복이요 인류 평화라는 내용의 광고로 효&하모니 정신을 말하기도 했고, 2016년 국민대통합위원회 위원장이라는 중책을 맡으면서 하모니 정신의 근간을 이루는 화합과 통합의 중요성을 알리며 "국민대화합, 국민대통합, 우리가 살길입니다"라는 캠페인을 하기도 했다. 당연히 우리 사회에 효 인식을 높이고자 성경 7효 운동에 대한 내용을 소개하기도 했다. 특히 나라 사랑에 대한 광고를 통해 올바른 국가관과 올바른 역사관, 국민과 국가가 진정한 하모니를 이루기 위해 국민으로서 지켜야 할 책무를 말하고 국가로서 국민을 지켜야 할 책임을 주장했다. 때론 목사로서 뼈를 깎는 회개를 하기도 했고 또한 말씀 앞에서 바른 것은 과감하게 소리내기도 했다.

신문 광고를 통해 수많은 피드백이 들려왔다. 광고를 읽고 효에 대해 다시 생각하게 되었다는 독자, 효 공부를 더 해 보고 싶다고 연락해 오는 독자, 물론 그들 중에 부정적인 의견도 없을 수는 없지만 어쨌든 효와 하모니 정신을 알렸다는 점에서 의미가 있다고 생각한다. 이제는 원로목사가 되면서 하모니 광고에 더욱 비중을 두고 신경을 쓰고 있는데, 원로목사로서 세상에 또는 교계에 성령님이 주시는 지혜로 정의로운 말을 할 수 있게 되길 기도한다. 더 나아가 또 다른 선택받은 이를 통해 이러한 노력이 이어지길 바란다.

하나님이 창조하신 세계는 혼자가 아니라 하모니를 원한다.
이는 함께 같이하는 삶을 통해
무한대의 가능성을 꿈꾸라는 선물이다.

창조주와의
하모니

효가 하모니 정신으로 확장됨에 따라 하모
니 정신은 크게 세 가지로 나누어 설명할 수 있다. 최우선 되어야 할
것은 창조주와의 관계가 분명해야 한다는 사실이다. 하나님을 아버
지로 섬기는 효가 우선되었던 것처럼 말이다.

하나님과 하모니를 이룬다는 것은 경외감을 갖는 것이다. 경외, 즉
두려워하는 마음으로 사랑하는 자세를 말한다. 여기서의 두려움은
공포를 자아내는 것이 아닌 친밀한 두려움이다.

그 시작은 하나님의 하나님다움을 인정하는 것부터 시작한다. 안
타깝게도 많은 경우 하나님이 창조주가 되심을 잊고 마치 곁에 있는

친구처럼 생각할 때가 있다. 물론 예수님은 우리의 친구가 되시기도 하지만 세상에서 말하는 친구와 차원이 다른 것인데 잘못 생각하곤 한다. 하나님은 성경을 통해 자신이 어떤 존재인지 분명히 밝혀 주셨다.

"태초에 하나님이 천지를 창조하시니라"(창 1:1).

성경 첫 구절에 분명히 천지를 창조하신 존재를 드러내고 계신다. 이 말은 창조라는 용어 사용이 하나님께 있음을 의미한다. 이에 대해 신문 광고를 통해 불편함을 드러내기도 했는데, 여기저기서 창조라는 단어를 남용하고 있음을 지적한 것이다. 창조는 하나님의 언어요 하나님의 영역이다. 무에서 유를 창조하시는 분은 하나님뿐이시기에 인간은 기껏해야 발견자가 될 뿐이다.

일례에 불과하지만 하나님과의 관계에서 하모니를 이루지 못하는 일들이 참 많다. 2020년 코로나19로 인해 전 세계가 아픔과 시름에 잠겨 있는데, 이 아픔 속에서 하나님은 이단 신천지와 동성애 문제를 수면 위로 드러내셨다. 특히 포괄적 차별금지법 움직임이 심상치 않은 시점에서 동성애 문제를 드러내신 뜻이 분명히 있으리라 생각하는데, 이것은 창조 질서를 파괴하는 분명한 잘못이다. 이를 두고 인권을 운운하지만 피조물인 우리가 하나님의 창조 질서를 파괴해서는 안 된다.

하나님의 창조 질서는 남자와 여자가 결혼해서 부부가 되고 부부를 통해 경건한 자녀를 낳아 생육하고 번성하는 것이다. 남자가 부모를 떠나 그 아내와 연합하여 둘이 한 몸을 이룰 것을 명하셨다. 예수님도 이 말씀을 강조하셨다. 성경 어디에도 남자와 남자, 여자와 여자가 관계를 맺고 부부 됨을 인정하는 구절은 없다.

"불의한 자가 하나님의 나라를 유업으로 받지 못할 줄을 알지 못하느냐 미혹을 받지 말라 음행하는 자나 우상 숭배하는 자나 간음하는 자나 탐색하는 자나 남색하는 자나 도적이나 탐욕을 부리는 자나 술 취하는 자나 모욕하는 자나 속여 빼앗는 자들은 하나님의 나라를 유업으로 받지 못하리라"(고전 6:9-10).

말씀은 분명히 동성애를 죄로 여기고 있다. 또한 가정을 이룸으로 자녀를 출산하는 것 역시 창조 질서다. 한 남자와 한 여자가 만나 부부가 되게 하신 이유가 경건한 자손을 얻고자 하심이다.

"그에게는 영이 충만하였으나 오직 하나를 만들지 아니하셨느냐 어찌하여 하나만 만드셨느냐 이는 경건한 자손을 얻고자 하심이라 그러므로 네 심령을 삼가 지켜 어려서 맞이한 아내에게 거짓을 행하지 말지니라"(말 2:15).

동성 결혼을 인권의 차원으로만 접근해서는 안 되는 이유가 여기에 있다. 하나님의 창조 질서에 반하는 것뿐만 아니라 이는 국가적으로도 번영의 질서를 반하는 일이다. 2020년 인구보건복지협회와 유엔인구기금(UNFPA)이 함께 발간한 '2020 세계 인구 현황 보고서'를 보면 우리나라의 2015-2020년 연평균 인구 성장률이 0.2%로 세계 인구 성장률보다 훨씬 낮게 나타났다. 여성 1명당 평생 낳을 것으로 예상되는 평균 출생아 수를 뜻하는 합계 출산율이 1.1명으로 세계 최하위다.

저출산 문제는 고령화와 인구 감소로 이어지며 결국 국력을 약화시킨다. 현재 가임 여성 1명당 1명도 낳지 않는 통계치를 보면 노인들의 나라가 될까 걱정스럽다. 이런 상황에서 동성 결혼까지 허용된다면 출산장려운동에 역행하는 일이요 사회 자체가 혼란을 겪을 것이다.

이렇듯 창조 질서가 무너지면 사회 질서가 무너진다. 하나님이 멸하신 소돔과 고모라를 기억해야 한다. 성적으로 타락한 도시였기에 유황과 불을 비같이 내려 다 엎어 멸하시겠다는 약속대로 행하셨다. 하나님과의 하모니를 이루려면 하나님이 세우시려는 이 땅의 질서를 절대 역행해서는 안 된다.

하나님과의 하모니를 이루려면 성경으로 돌아가 하나님에 대해 잘 알아야 한다. 이 땅을 창조하신 하나님의 존재에 대해 알 때 경외감을 갖게 된다. 거룩한 두려움으로 하나님을 사랑하는 것, 그것이 곧 하나님을 아버지로 여겨 효하는 것이다.

완벽한 창조주와 피조물의 관계가 정립될 때 창조주의 뜻에 따르고 사랑하면 사랑이신 하나님이 우리를 영원토록 돌봐 주신다. 하나님이 이 땅을 창조하신 목적을 알고 창조 질서에 따라 사회 질서가 잡혀가도록 따를 때 비로소 하나님과의 하모니가 이루어질 것이다.

사람과의
하모니

효를 하모니 정신으로 확장시키면서 하모니 정신을 세 가지로 크게 나누어 보니 창조주와의 하모니, 사람과의 하모니, 자연과의 하모니로 구분할 수 있다. 그중에서도 사람과의 하모니가 주를 이루고 있음을 알 수 있다. 이는 하나님과의 관계가 바로 서면 이 땅에서 사람과의 관계 가운데에 하모니를 이루는 것이 중요하다는 사실을 반증하는 것이기도 하다.

사람은 하늘과 땅 사이에 살아가는 존재다. 이 말은 곧 하늘과 땅의 균형을 맞추며 살아가는 삶이 조화롭게 펼쳐질 때 하모니 세상이 이루어짐을 말한다. 사람은 이 땅에서 끊임없이 관계를 맺고 살아간다. 때론 부모 자식의 관계 속에서, 어른 세대와 젊은 세대의 관계 속에서, 스승과 제자의 관계 속에서, 나라와 국민의 관계 속에서, 이웃과 이웃이라는 관계 속에서 지속적이고 끊임없이 관계를 맺고 살아간다.

사람과의 하모니는 이러한 관계가 수평적 관계라는 전제가 필요하다. 흔히 이분법적으로 세상을 나눌 때 동등함보다 경중을 두곤 한다. 낮과 밤, 어둠과 빛, 약함과 강함, 낮음과 높음, 작음과 큼 등의 범주는 쌍으로 존재하지만 한쪽을 더 중요하게 생각하는 마음을 가지고 있다. 하지만 어떤 것도 절대적으로 독립해서 존재할 수 없다. 낮에도 밤이 깃들어 있고 밤에도 낮이 깃들어 있다. 낮음은 높음의 과정이고 높음도 낮음의 결과다.

사람의 관계 속에서도 그렇다. 남편과 아내의 부부관계, 부모와 자녀의 관계, 스승과 제자의 관계, 국가와 국민의 관계 등 어느 한쪽만 독립적이거나 우월할 수 없다. 하모니는 각자의 역할을 통해 온전해진다.

한 나라가 융성할 때를 보면 나라와 백성이 하모니를 이룰 때다. 역사적으로 봐도 어떤 나라든 개인이기주의나 가족이기주의, 집단이기주의로 대립하고 갈등하고 투쟁이 일어날 땐 쇠락의 길을 걸었다. 어느 한쪽이 기울어졌거나 제대로 역할을 해내지 못했기 때문이다.

그래서 사람과의 하모니는 '함께'를 추구한다. 함께하는 것이 화합이고 화목의 시작이다. 흔히 모로 가도 서울만 가도 된다는 결과주의적 사고, 열매만 좋으면 된다는 식의 반응은 함께 가는 것을 방해한다. 함께한다는 것은 철저히 상대방을 먼저 생각해 줘야 가능하다. 편견과 차별의식을 가지고 상대방을 바라볼 때 함께는 불가능하다. 그래서 어찌 보면 사랑보다 더 귀한 것이 함께하는 것이다.

사람과의 하모니를 이루기 위해 함께해야 할 대상은 성경 7효에서 언급한 것과 다름없다. 부모와 어른 세대와 함께하는 것, 스승과 제자가 함께하고 가족이 함께하는 것이다. 또한 국가와 국민이 함께하는 것을 넘어 국가적 정세에 따른 모든 상황에서도 함께가 필요하다. 한반도의 남쪽과 북쪽이 함께하고 여당과 야당이 함께하며 기업가와 노동자가 함께, 남녀가 함께, 장애인과 비장애인이 함께하는 사회가 하모니 사회다. 함께하지 않을 때 사회는 삐걱거리기 마련이다. 많은 사람이 먹을거리가 없고 입을 것이 없어서가 아니라 사람과 사람의 관계가 파괴되어 불행을 겪는다.

인천순복음교회의 효&하모니 활동은 결국 사람과 함께하는 것이다. 소외된 노인들을 찾아가 함께 정을 나누고 아픈 이웃을 만나 함께 아픔을 나누었다. 국가가 어려울 때 함께 엎드려 기도했으며 사회가 힘들 때 함께 일어났다. 겉으로 보이는 우리 쪽의 유익은 없었지만, 복음이 흘러가고 사랑이 흘러갔기에 모두가 유익이었다.

사람과의 하모니를 이루기 위한 첫 번째 단계가 동등한 위치에서 함께하는 것이었다면 두 번째는 책임 의식을 가지고 나눠야 한다는 사실이다. 세계의 저명한 기업인·경제학자·저널리스트·정치인 등이 모여 범세계적 경제 문제에 대해 토론하고 국제적 실천 과제를 모색하는 국제민간회의인 다보스포럼의 창시자 클라우스 슈밥이 이런 말을 했다.

"자본주의 시장은 사회에 봉사를 해야 한다. 자본주의는 포용성이 부족했다. 우리는 죄를 지었다."

지금의 사회가 나눔이라는 책임 의식이 부재함을 통렬히 한탄하며 한 말이라고 본다. 우리가 살아가는 이 시대에 책임 의식이 갈수록 사라지고 있다. 무조건 앞만 보고 발전하는 데 혈안이 되어 있다 보니 책임보다는 양적 성장에 주목한다. 그러나 사람과의 하모니를 이루기 위해 책임은 필수 요건이다. 효(HYO)는 책임을 다함으로써 나눔에 이르는 정신이기 때문이다.

책임이란 마음이나 행동에 거짓이 없는 상태이며 사람이 하늘 아래 곧게 서 있음을 의미한다. 말에서는 있어 옳은 말을 하고 거짓말을 하지 않는 것이다. 이 책임을 한자어로 풀면 빚 채, 맡길 임, 또는 꾸짖을 책, 마음대로 할 임이 된다. 한마디로 책임은 '빚을 진 듯 일한다', '멋대로 처신하지 않도록 스스로 꾸짖음'을 의미한다.

사회가 갈등하는 여러 요인이 있지만 그 저변을 살펴보면 결국 누군가 자기 책임을 다하지 않기 때문이다. 잘못된 모든 것을 남의 탓으로 돌리는 풍조가 너무도 만연하다. 잘못에 대한 책임을 지지 않고 죽음으로써 끝내려는 일도 잦아지는 것 같아 매우 속상하다. 책임지지 않는 사회는 불행할 수밖에 없다.

책임 간에는 모순이 있을 수 있다. 막대한 국가의 예산을 들여 댐을 건설했는데 부실 공사를 했다면 법적 책임은 없다고 해도 도덕적 책임은 있다. 법적 책임을 지지 않는다고 도덕적 책임마저도 없는 것처럼 행동해서는 안 된다. 그래서 선진국일수록 국민 개개인의 사회적 책임을 강조한다. 공적 책임은 사적 책임이나 이해관계보다 우선되어야 한다. 또한 책임과 권한은 비례하기 때문에 기업의 사회적 책임은 자유로운 영리 추구와 비례하고 공동체에 대해 책임 의식을 갖는 사람은 사회 참여에 적극적이게 된다.

선한 사마리아인 법이 있다. 이 법은 본인이 특별한 위험에 빠지지 않았음에도 응급 상황이나 위험에 처한 타인을 구조하지 않고 외면한 사람에게 징역이나 벌금을 부과하는 법률 조항이다. 반대의 경우도 있다. 응급 환자를 치료하기 위해 달려간 의사의 적절한 구호 조치에도 불구하고 환자가 사망했을 경우, 이 의사가 피소되어 법적 책임을 지게 될 때 선한 사마리아인 법이 그 의사를 보호해 준다. 반드시 책임지지 않아도 되는 상황이지만 하나님이 주신 기본적인 양심에 따라 책임을 다하는 것, 책임지려고 노력했으나 결과가 좋지 않았을 때는 그 책임에 대해 보호해 주는 것이 바로 책임을 지닌 모습이라 하겠다.

얼마 전 참으로 안타까운 사건을 접했다. 위급한 환자를 태운 구급 차량이 다급한 와중에 접촉 사고를 냈는데, 사정을 뻔히 알고 있었음에도 사고당한 차량이 비켜 주지 않아 응급 환자가 목숨을 잃었다. 사건을 접한 많은 사람이 안타까워했고 그에 대한 처벌을 청원하기도 했는데, 전후 사정은 차치하고서라도 사회적 책임 의식이 부재했다는 점에서 매우 유감스럽다.

우리 사회에 내재된 상처와 갈등을 치유하고 공존과 상생의 문화를 정착하기 위해서는 우리 개개인이 책임 있는 실천을 통해 보람을 얻는 경험이 필요하다. 무슨 거창한 일을 하자는 것이 아니다.

언어만 해도 그렇다. 누구나 심각성을 체감하고 있는 온라인상에서의 댓글 문화에도 책임 있는 행동이 필요하다. 말하는 것은 자유지만 자유에는 반드시 책임이 따른다. 전 세계적으로 우수한 언어로 인정받고 있는 한글을 쓸 수 있다는 것에 대한 책임 의식이 있을 때 사람과의 하모니를 이룰 수 있다.

뿐만 아니라 사람 간에 갖춰야 할 예절과 예의를 책임 있게 하는 것, 사람으로서 지켜야 할 상식을 고수하는 것도 책임 있는 행동이다. 예절을 갖춰 인사하고 이웃에게 관심을 갖고 근검절약하고 과소비를 하지 않는 것, 일상생활 속에서 당연히 해야 할 일이지만 이런 기본과 상식에 책임을 질 때 사람과의 관계는 좋아질 수 있다.

한걸음 더 나아가 책임에 대한 사명감을 갖는 게 필요하다. 책임이란 자신의 능력을 살펴 사명감을 갖는 것이다. 능력껏 사명을 펼치는 것이 책임 있는 행동이라는 의미다. 하나님이 나에게 주신 책임은 목회자로서 복음을 전하고 이웃 사랑을 실천하는 일이다. 이 책임에 대한 사명감으로 목회생활을 지금까지 이어 오고 있다. 효 운동을 전 사회적으로 전개하고 하모니 정신을 전 국민에게 일깨우려 하는 것도 그런 사명감의 발로다.

뿐만 아니라 한 가정의 가장으로서의 책임도 있다. 가정을 가꾸고 남편으로서, 아버지로서 복음을 전수하고 선한 지혜를 가르쳐 알게 하며 사랑으로 가정을 돌보는 책임이 있다. 이 책임에 대한 사명감을 가지고 있기에 우리 가정을 믿음의 명문가가 되기 위해 철저하게 기도하고 교육하고 있다.

이 사회 누구에게나 책임이 있다. 책임이 없는 사람은 없다. 일단 한 국가에 속한 국민으로서의 책임은 말할 것도 없고 가정에 소속됨으로 가족원으로서의 책임이 있다. 또한 사회 활동을 하면서 갖게 될 책임, 자연스럽게 어른 세대, 젊은 세대에 소속됨으로 갖게 될 책임 등 다양한 책임이 있다.

부모의 책임은 자녀를 노엽게 하지 않고 교양과 훈계로 양육하는 것이다. 자녀의 책임은 부모에게 효를 다하는 것이다. 스승의 책임은 제자들의 이름을 부르고 인정하고 자신의 경험과 지식을 전수해 주는 것이고, 제자는 스승을 통해 바른 인격과 삶을 배워야 할 책임이 있다. 기업가는 일을 통해 이윤을 추구하며 근로자에게 마땅히 대가를 지불해야 한다. 사회적 공헌의 책임도 있다. 근로자 역시 기업의 이윤 추구를 위해 맡은 역할에 최선을 다해야 한다. 이렇듯 사람과 사람이 어깨를 기대고 사는 세상에서 각각이 지닌 책임은 관계의 하모니를 이루는 데 아주 중요하다.

마지막으로 사람과의 하모니를 이루기 위해서는 사랑과 존경, 즉 애경(愛敬)의 마음이 있어야 한다. "그런즉 믿음, 소망, 사랑, 이 세 가지는 항상 있을 것인데 그중의 제일은 사랑이라"(고전 13:13)는 말씀처럼, 사랑은 모든 관계를 완전하게 만드는 힘이다. 그래서 톨스토이의 말처럼 사람은 사랑을 먹고 산다.

사실 사람과 사람의 관계 속에서 애경하는 마음이 있다면 앞에서 말한 책임감이나 사명감을 굳이 말하지 않아도 될 것이다. 상대방을 사랑하고 존중한다면 당연히 나보다 낫게 여기게 되고 나의 책임에 사명감을 다하게 될 것이다.

부모의 사랑은 열정적인 사랑과 우애적인 사랑이 결합된 이타적이고 헌신적인 사랑이다. 자녀를 위해 희생하고 헌신하는 지구력과 에너지가 그 사랑에 존재하는데, 자녀들은 이러한 자기 헌신적 사랑을 받으면서 부모의 권위를 인정할 수 있다. 이러한 사랑 덕분에 사회에 나가서 올바른 인간관계를 맺을 수 있게 되는 것이다. 즉 진정한 권위가 사랑으로부터 나온다고 할 수 있다.

사랑이라는 이름 안에는 윗세대가 아랫세대에게 보여 줄 권위 있는 사랑, 아랫세대가 윗세대에게 갖는 존경심 넘치는 사랑, 권위와 돌봄 등이 포함된다. 사람과 사람이 맺는 관계 가운데에 필요한 요소가 다 들어있는 셈이다. 그러므로 사람과의 하모니를 이루기 위해 우리는 사랑해야 한다. 애경하는 마음으로 살아야 한다. 사람에 대한 사랑과 존중이 책임감과 사명감을 일깨워 동등한 위치에서 화합하고 함께 걸어갈 수 있는 하모니 세상을 열 수 있다.

Harmony

국가와의
하모니

하모니 광고나 구국기도회 활동, 국민대통합위원회 위원장 등의 직임을 맡다 보니 국가관에 대해 말할 기회가 많았다. 이를 두고 편 가르기 좋아하는 이들의 뒷말도 많았지만 내가 가진 국가관은 예나 지금이나 같다. 나보다 나라가 먼저라는 것이다.

"기독교는 국경이 없으나 기독교인은 국적이 있다"는 말이 있다. 종교는 국경을 넘나들지만 종교인은 한 나라의 국민으로서 의무와 책임을 다해야 함을 의미한다.

일제로부터 해방과 광복을 위해 일어났던 삼일운동의 주역은 교회였고 기독교인들이었다. 민족대표 33인 중 16명이 기독교인이었다. 당시 우리나라 전체 인구의 1%만이 기독교인이었는데 그 1%의 기독교인들이 독립운동을 선도한 것이다. 하나님 나라를 구하는 이들이 조국이 우선이라는 것을 알았던 것이다.

국가가 하는 일은 국민의 생존권과 인권을 보장해 줄 뿐 아니라 고유의 언어와 문화 관습과 사상 등을 통해 정체성을 형성시켜 준다. 뿐만 아니라 국가란 태어나서 성장하며 활동하는 삶의 배경을 이루는 곳이기에 한 사람도 나라의 혜택과 보호 없이는 성장할 수 없다. 우리는 그 나라에서 삶의 과거, 현재, 미래를 만들며 살아간다. 그런 까닭에 수많은 실향민이 그토록 고향을 그리워하고 이민자가 조국의 품으로 돌아오고 싶어 하는 것이다.

그래서 나라를 잃는 것만큼 슬프고 비참한 일이 없다. 그것은 마치 정체성이 사라지는 것과도 같다. 이미 우리는 지나간 역사를 통해 나라 잃은 설움을 경험해 보았다. 34년 11개월 동안 나라 없는 설움을 겪으며 이 나라 국민은 마치 부모 없는 고아와 같이 방황했다. 스코틀랜드를 개혁한 존 낙스가 자신의 조국이 어려움에 처했을 때 "하나님, 이 스코틀랜드를 구원해 주옵소서. 아니면 차라리 죽음을 주옵소서"라고 기도했듯이 주권을 잃은 우리나라의 목회자와 성도들도 죽을 각오를 하며 나라를 위해 기도했다. 나라가 있다는 것이 얼마나 큰 의미인지 알았던 것이다.

국가는 단순한 영토의 의미를 넘어서는 가치와 의미가 있다. 그렇기에 하나님도 하나님 나라가 이루어지도록 기도하게 하셨을 뿐 아니라 이 땅에서의 나라가 존속되길 원하셨다. 우리는 그 명령에 따를 의무가 있다.

국가와의 하모니를 이루는 시작은 국가에 대해 아는 것이다. 알아야 사랑할 수 있다. 인천순복음교회에서는 애국가를 부르곤 하는데, 언제나 4절까지 부른다. 가사 곳곳에 녹아 있는 뜻을 새기면 저절로 자부심이 생기는 까닭이다.

물론 우리나라처럼 긴 역사 속에 부침이 심한 민족도 없다. 하지만 대한민국은 그때마다 오뚝이처럼 일어섰다. 전후 복귀도 어려운 시점에서 '한강의 기적'이라 불리는 빠른 경제 성장을 이루었다. 군사 독재를 이겨 내고 민주주의를 성공적으로 일구어 낸 위대한 국가다. 국민들 덕분이다. 1997년 IMF로 인해 나라가 큰 어려움에 빠졌을 때 온 국민이 금붙이들을 긁어모아 구제 자금을 갚아 보려 애국심을 발휘했고, 코로나19로 인해 전 세계가 어려움에 처해 있을 때도 우리 국민은 높은 방역 의식과 참여로 전 세계를 놀라게 했다. 그러고 보면 국가에 대해 아는 만큼 더 많이 사랑하게 된다.

안타까운 것은 날이 갈수록 개인주의가 극심해져서 국가에 대한 관심이 떨어져 가고 있다는 사실이다. 국경일의 의미를 잃어버린 지 꽤 되었고 특히 역사에 대해 무관심하다. 그래서 국가에 대해, 국가가 걸어온 역사를 배우고 가르쳐야 한다.

노벨상 수상자의 약 30%를 배출한 유대인의 교육은 가정과 공교육이 손을 잡고 일구어 낸 결과물이다. 이스라엘은 초등학교에 입학한 신입생들에게 가장 먼저 민족의 뿌리, 즉 나라의 역사를 가르친다고 한다.

"옛날 옛날에 우리 조상은 노예였단다. 그런데 하나님이 모세라는 지도자를 세워 이집트의 노예에서 해방시켜 주셨단다."

역사를 가르치고, 역사의 주관자이신 하나님을 가르치고, 민족의 뿌리에 대해 반복해서 들려준다. 학교에서뿐만 아니라 집에서도 이스라엘의 역사를 반복해서 가르친다. 귀에 딱지가 앉을 정도로 거듭 가르친다. 이집트의 종살이와 광야에서의 불순종 같은 민족의 치부까지도 가감 없이 들려준다. 그들은 '애굽의 종살이를 기억하라'(신 15:15)는 성경에 충실하고 있다.

어렸을 때 나는 할머니를 통해 애국에 대한 교육을 받았다. 할머니는 삼일절이 되면 어린 손주에게 "너희 할아버지도 삼일운동을 하시다가 온몸이 피투성이 되어 집으로 돌아오셨다. 그때 너희 아버지는 한 살이었지"라며 당시 상황을 들려주었다. 어릴 땐 삼일운동에 참여하셨다는 게 무슨 뜻인지 몰랐다. 왜 피를 흘리며 독립 만세를 부르셨는지도 몰랐다. 그러나 나이를 먹으면서 몸을 아끼지 않고 나라를 사랑하신 할아버지가 자랑스러웠다. 할머니는 한 번도 나라를 사랑하라고 강요하지 않으셨다. 다만 옛날이야기처럼 당시 상황을 들려주셨을 뿐이다. 그런데도 나라를 사랑하는 마음이 싹텄고 '나도 할아버지처럼 나라를 위해 살아야지' 하는 결심을 했다.

그런데 지금 우리나라의 공교육은 어떤가. 한때 역사는 사회 과목에 편입되었고 역사가 선택 과목이 되기도 했으며 각종 국가고시에서 한국사 시험이 폐지되기도 했다. 역사 교육이 민족주의를 고취시켜 글로벌 시대에 반(反)하는 교육이라는 게 그 이유였다. 지금은 그나마 역사 교육이 살아나고 있는 것 같아 다행이지만 여전히 다음세대가 역사에 대해 제대로 알고 있는지 의문이 든다. 여러 제도나 체계가 역사의 중요성을 가르치려는 방향으로 가고 있다는 생각이 들지 않는다.

플라톤은 "역사란 돌고 도는 것이다"라고 말했다. 이 말은 역사의 현장이 똑같이 반복된다는 뜻이 아니라 역사의 원리가 반복된다는 뜻이다. 사사기를 보면 이스라엘 백성이 죄를 범하면 하나님이 징계하신다. 징계를 받은 이스라엘 백성이 회개하고, 회개하면 회복해 주신다. 그러다가 시간이 흘러 이스라엘 백성이 다시 죄를 짓고 징계를 받아 회개하면 하나님이 다시 회복해 주시는 지난한 사이클을 반복했다. 이러한 역사가 반복되는 이유는 역사가 주는 교훈을 망각하기 때문이다. 그러니 부끄러운 역사를 되풀이하지 않으려면 기억해야 하고, 유대인들처럼 어려서부터 반복해서 가르쳐야 한다.

"오직 너는 스스로 삼가며 네 마음을 힘써 지키라 그리하여 네가 눈으로 본 그 일을 잊어버리지 말라 네가 생존하는 날 동안에 그 일들이 네 마음에서 떠나지 않도록 조심하라 너는 그 일들을 네 아들들과 네 손자들에게 알게 하라"(신 4:9).

다음세대의 올바른 국가관, 역사관을 심어 주기 위해 가르쳐야 할 역사 중에 6·25 전쟁사는 제대로 가르쳐야 할 부분이라고 생각한다.

70년 전 북한은 소련제 탱크를 앞세워 남침을 개시했다. 북한은 침략 계획을 세워 놓고 남북통일 최고입법회의를 서울에서 개최하자고 제안했다. 남한에게는 통일회담을 열자고 제안해 놓고는 느닷없이 남침을 감행한 것이다. 서울은 3일 만에 함락되고 한반도는 초토화되었다.

북한의 남침 소식을 들은 미국은 유엔 안전보장이사회를 긴급 소집해 북한군의 철퇴를 촉구하는 한편 남한의 원조를 요청했다. 유엔 안보리에서는 16개국으로 구성된 유엔군 파견과 맥아더 장군의 참전을 결정했다. 북한의 무기에 비해 턱없이 빈약했던 한국군은 대구와 부산만 남겨진 채, 낙동강 전선을 최후 방어선으로 삼아 겨우 버티고 있었다. 대한민국의 존립 자체가 위태로웠다.

이때 이승만 대통령은 목회자들을 불러 기도를 부탁했다. 나라를 위해 울부짖는 기도를 들으신 하나님은 맥아더 장군을 통해 인천상륙작전을 계획하게 하셨다. 하지만 모든 참모가 이 작전을 반대하고 나섰다. 조수간만의 차가 무려 9m나 되어 실패할 확률이 높다는 이유에서다. 하지만 맥아더 장군은 확신을 가지고 위험천만한 작전을 감행하여 성공했다. 인천상륙작전이 성공하여 인천과 서울을 수복하면서 전세가 뒤바뀌었다. 3개월 만에 서울을 탈환하고, 이후 밀고 밀리는 전투를 3년간 계속하다 1953년 휴전 협정을 맺어 오늘에 이르렀다. 이것이 70년 전 6·25 전쟁의 역사다.

6·25 전쟁은 제2차 세계대전과 베트남전쟁 사이에 끼여 상대적으

로 관심을 많이 받지 못한 탓에 미국에서는 일찍부터 '잊혀진 전쟁'으로 불려 왔다. 문제는 당사자인 우리나라에서도 같은 취급을 당한다. 수년 전 여론 조사에 의하면 전국 19세 이상 남녀 1,000명을 대상으로 '6·25 전쟁이 일어난 연도'에 대해 물었더니 36.9%가 전쟁이 일어난 연도조차 모르고 있었다. 더욱 통탄할 일은 6·25 전쟁을 남한이 일으킨 것으로 알고 있는 학생들도 적지 않았다는 사실이다.

전쟁의 참혹함을 잘 아는 세대가 쓸쓸히 역사의 뒤안길로 사라지고, 전쟁과 공산주의를 모르는 세대가 역사의 전면에 등장하여 오늘의 역사를 써 내려가고 있는데, 이런 때일수록 전후 세대에게 6·25 전쟁을 바르게 가르쳐야 한다. 이것이 자녀의 미래와 나라의 앞길을 밝히는 지혜다. 6·25 전쟁과 같은 아픔을 되풀이하지 않고 후손들에게 자랑스러운 조국을 물려주려면 제대로 바르게 가르쳐야 한다.

6·25 전쟁은 지나간 역사가 아니라, 진행형인 역사다. 한반도는 아직도 서로를 향해 총구를 겨눈 채 전쟁을 잠시 중단한 휴전 협정 상태다. 언제든지 위험한 도발이 이어질 수 있는 상황이다. 실제로 2010년 연평도 포격 사건을 통해 연평도에서 복무하던 대한민국 해병대원 2명과 민간인 2명이 사망하고 민간인 3명과 해병대원 16명이 중경상을 입었다. 지금도 여전히 북한은 여러 차례 이러한 도발을 일삼고 있기에 진행형인 역사다. 이런 상황에서 6·25 전쟁을 제대로 가르치는 것은 매우 중요하다. 역사의 교훈을 깨달아 미래를 준비시켜야 한다. 역사를 가르치지 않아 약탈과 억압에 시달린 사사시대의 교훈을 타산

지석으로 삼아야 한다. 잘 알아야 용서도 잘할 수 있다.

나는 통일보다 평화를 주장한다. 어떻게든 통일을 하려고 하다 보면 어느 한쪽이 이기고 지는 것이 되기에 화근이 된다. 통일의 시기는 하나님의 적절한 타이밍에 이루어질 것이기에 그보다는 평화, 서로 용서하고 화해하고 화합하는 평화적 관계가 먼저라고 생각한다. 그러려면 상대방에 대해 잘 알아야 한다. 그때 용서와 사랑으로 이어질 수 있다.

국가와의 하모니를 이루려면 역사를 통해 국가를 알아야 한다. 역사를 알아 갈수록 국가에 대한 애정이 회복되고 그렇게 되면 나보다 국가가 우선이라는 생각을 회복할 수 있다. 나보다 국가 우선이 회복될 때 국가와의 하모니는 자연스럽게 이루어질 수 있다.

나보다는 나라가 우선이라는 생각을 하게 되면 국가를 위해 국민의 한 사람으로서 해야 할 책무와 사명을 다할 수밖에 없다. 나는 내가 대한민국의 국민으로 태어나게 된 이유가 있다고 생각한다. 국가를 위해 해야 할 사명이 있다고 확신하기에 내게 맡겨진 일에 최선을 다한다. 그것이 직업을 통해 자신의 재능과 능력을 잘 발휘하는 것도 있지만, 국민의 한 사람으로서 해야 할 책무를 다하는 것도 해당된다.

"우리 가운데 인물이 없는 것은 인물이 되려고 마음먹고 힘쓰는 사람이 없기 때문이다. 인물이 없다고 한탄하는 그 사람이 인물이 될 공부를 하지 않는가? 그대는 나라를 사랑하는가. 그렇다면 먼저 그대가 건전한 인격자가 되라."

도산 안창호 선생도 나라를 사랑하려면 먼저 인격자가 되라고 말했다. 그가 말한 나라를 사랑하기 위한 필수 조건인 인격자는 의무와 책임을 다하는 사람을 말할 것이다.

예수님도 나라에 대한 의무와 책임을 다하셨다. 사람들이 성전세를 요구할 때, 그분은 하나님의 아들이심에도 세금의 의무를 다하셨으며 베드로의 것까지 내 주셨다(마 17:27). 예수님처럼 의무와 책임을 다하는 것이 애국이다.

나는 어디를 가나 대한민국 국민이라면 대한민국 국민이 지켜야 할 4대 의무(교육·납세·병역·근로)를 성실히 수행하고 국민의 책무를 다하자고 당부한다. 하모니 광고를 통해 투표를 통해 자신의 의견을 적극적으로 발휘하자고 주장하기도 하고 종교인 과세라는 다소 민감한 사안에 대해서도 종교 과세가 아닌 종교인 과세라면 당연히 납세의 의무가 있는 만큼 수용한다는 의견을 내세우기도 했다. 나라가 국민보다 앞서야 하기에 의무와 책임을 존중한 행동이다.

예수님도 나라에 대한 의무와 책임을 다함으로 사도들에게 본을 끼치셨고, 사도들은 성도들에게 본을 끼쳤다. 그러니 우리도 믿는 사람으로서 믿지 않는 사람들에게 본을 끼쳐야 한다. 국민으로서 의무와 책임을 다하며 말씀대로 삶으로써 그리스도인다운 모습을 보여 주어야 한다. "과연 예수 믿는 사람들은 뭔가 다르구나"라는 말을 들을 수 있어야 한다. 자신이 두 발 딛고 사는 지역의 복음화를 위해 기도하고, 적극적인 투표로 자신의 권리를 행사하고, 투명하게 세금을 납부하고, 의무와 책임을 다하며 본을 끼치고, 예수님의 사랑을 세상에 흘려보내는 삶이 그리스도인의 애국이다.

역사를 통해 나라를 알고 나라 우선의 마인드로 책임을 다할 때 국가와의 하모니가 만들어질 수 있다. 건강은 건강할 때 지키라고 하지 않던가. 나라도 나라가 있을 때 소중하게 지키고 사랑해야 한다. 그리하여 아름다운 삼천리 금수강산이 천대에 이르러 후손에게 아름답게 물려지길 기도한다.

예수님도 나라에 대한 의무와 책임을 다함으로
사도들에게 본을 끼치셨다.
우리도 국민으로서 의무와 책임을 다하며
그리스도인다운 모습을 보여 주어야 한다.

가족과의
하모니

나는 효에 일생을 바친 목사이기도 하지만 가정을 중요하게 생각하는 가정적인 목사이기도 하다. 효에 대한 생각이 가정사에서 근거했기에 가족 간의 효, 가족 간의 하모니가 잘 이루어지길 기도하는 것이다. 40년 넘게 목회자의 길을 걸어오며 수많은 하모니가 울려 퍼지는 것을 보아 왔지만 가정이 하모니를 이루는 것만큼 기쁘고 감사한 일이 없다. 가장 작은 사회이면서 공동체, 하나님이 기뻐하시는 가정에서 피어나는 사랑과 존중의 하모니가 결국 온 세상 하모니의 기본이 되기 때문이다.

오래전 이야기지만, 우리 교회 성도인 장 집사님 가정의 이야기는 잔잔한 감동을 준다. 그 부부는 여행 다니는 것을 좋아해 신혼 때부터 주말여행을 즐겼다. 첫아이를 낳고 1998년 우리 교회에 등록했지만 한 달에 한 번 정도 주일을 지킬 뿐 대부분의 주일을 여행지에서 보냈다. 신앙 훈련이 되어 있지 않아서 교회는 가도 그만 안 가도 그만이라고 여겼던 것인데, 둘째 딸이 아프게 되면서 달라졌다.

둘째 딸이 5개월가량 된 어느 날부터인가 저녁 8시경이면 악을 쓰고 울어 댔다. 동네 병원에 갔더니 장에 가스가 찼다며 약을 처방해 주었는데 약을 먹이면 한동안 괜찮다가 다시 울기를 반복했다. 아이는 날이 갈수록 심하게 울었다. 한번 울기 시작하면 그칠 줄 모르고 몇 시간씩 울었다. 아무래도 이상하다는 생각이 들어 대학병원 소아과에 갔는데 결과가 참담했다. 죽지 않으면 식물인간 상태로 10년도 채 못 산다는 의사의 말에 부부는 수없이 머리를 흔들었다.

그때부터 장 집사님은 주일을 성수하며 겟세마네기도회에 나오기 시작했다. 기도할 줄도 모르고 믿음도 없었지만 절박함에 하나님을 찾았다. 아이는 낮잠도 안 잘뿐더러 밤을 꼬박 새우며 우는 날이 많았다. 설상가상으로 돌이 지나면서부터 활처럼 몸을 뒤로 젖히는 일이 많아졌다. 병원에 가서 또 검사를 해 보니 '강직성 뇌성마비' 판명이 났고 평생 못 걷는다는 절망의 말까지 들었다. 하지만 어디서 그런 믿음이 생겼는지 '아니야, 하나님이 반드시 고쳐 주실 거야'라며 굳게 믿었다.

그리곤 본격적으로 기도회에 참석하며 믿음으로 매달렸다. 아픈 아이를 안고 교회에 간다는 게 쉽지 않았다. 오가는 차 안에서 울까 봐 가슴이 조마조마하고, 기도회를 방해할까 봐 노심초사했지만 모든 상황을 박차고 기도의 자리로 나갔다. 기도회에 다녀오면 몸은 파김치가 되었으나 기도하고 나면 마음은 거짓말처럼 평안했다. 마침 교회 근처로 이사할 수 있게 되면서 더욱 열심히 기도하던 중 기적이 일어났다. 아이의 몸이 뒤로 젖혀지는 증세가 완전히 사라진 것이다. 부부는 기도를 멈추지 않았다. 그리고 1년 뒤 그 가정에 성령이 임했다. 금식하며 기도하는 중에 아이가 씹기 시작했고 평생 걷지 못한다던 아이가 다섯 살이 되면서 걷기 시작했다. 하나님은 아이의 발목에 힘을 주어 걷게 하신 것이다. 아이가 처음 아팠을 때를 기억하는 사람들은 모두 '기적'이라고 말했다. 어느 누구도 아이가 발을 땅에 딛고 걸을 거라고는 상상하지 못했건만 지금은 완전하지는 않지만 뛰어다니고, 산도 잘 타는 아이가 되었다.

무엇보다 큰 은혜는 그 가정이 신앙 안에서 회복되었다는 것이다. 걷는 게 당연하고 말하고 숨 쉬는 게 당연하다고 여겼던 것을 회개하게 하셨고 일상에서 누리는 모든 것이 감사의 조건임을 알게 해 주셨다. 또한 아픈 동생을 돌보며 부모의 눈물의 기도를 보고 자란 첫째 아이도 믿음의 사람으로 성장했다. 남편도 두 딸과 아내의 눈물의 기도를 보고 하나님의 살아 계심을 믿게 되었다. 비록 아픔이라는 고난이 있었지만 믿음 안에서 단단히 묶이니 하나님은 그 가정을 아름다운 향기 나는 가정으로 바꾸셨다.

가족 사랑의 효, 가족과의 하모니를 이루기 위해서는 가족이 신앙

안에서 회복되는 게 먼저다. 신앙이 바로 설 때 가족 간에 사랑할 수밖에 없다. 사랑이신 하나님이 가족에게 사랑을 회복시켜 주실 것이기 때문이다.

그러므로 가족과의 하모니를 이루기 위해서는 믿음의 가정을 이루어 가야 한다. 그러려면 부모는 자녀에게 신앙을 잘 가르쳐야 한다. 부모는 사랑하는 자녀에게 무엇이든 아낌없이 준다. 그러나 주기만 하는 것은 사랑이 아니다. "미운 놈 떡 하나 더 준다"는 말도 있듯이 무조건 주기만 하는 것은 사랑이 아니다. 사랑한다면 무조건 주는 것이 아니라 가르침이 있어야 한다. 하나님은 우리를 사랑하기에 말씀으로 가르치신다. 예수님의 3대 사역 중 첫 번째도 가르치는 사역이었다. 예수님은 마지막 승천하실 때까지 "가르쳐 지키게 하라"(마 28:20)고 명령하셨다.

믿음의 부모는 가정에서 자녀에게 하나님의 말씀을 부지런히 가르쳐야 한다. 성경은 하나님의 말씀을 마음에 새길 뿐 아니라 모든 방법을 동원해 가르칠 것을 명령하고 있다(신 6:6-9). 때와 장소를 불문하고 다양한 방법으로 반복해서 말씀을 가르치는 건 믿음의 부모에게 준 거룩한 사명이다. 부모는 하나님의 말씀을 자녀에게 교육시키라는 명령을 위임받은 자들이며, 가정은 하나님의 말씀을 가르치는 교육의 장이다. 자녀에게 하나님의 말씀을 전수하는 이 사명은 다른 어떤 것보다 책임이 막중하며 반드시 해야 할 사명이다.

사사시대의 암울함은 제대로 신앙을 전수하지 못한 것 때문이었다(삿 2:10). 그 시대 '자녀 세대'는 하나님을 알지 못했다. 하나님이 이스라엘을 위하여 행하신 일도 알지 못하여 '자녀 세대'가 '다른 세대'가 되어 버렸다.

자녀 세대는 다른 세대가 아닌, 부모의 신앙과 믿음을 이어 가고 부모의 헌신과 충성을 이어 가는 '이음 세대'가 되어야 한다. 아브라함에서 이삭으로, 이삭에서 야곱으로, 출애굽 신앙은 광야 신앙으로, 광야 신앙은 가나안 입성 신앙으로 이어져야 한다.

유대인의 자녀 교육은 워낙 잘 알려져 있지만 신앙 교육에 관해서는 새겨들을 가치가 있다. 유대인은 자녀를 하나님의 선물로 여긴다. 가정을 최우선으로 생각하는 유대인에게 자녀는 가장 가치 있는 유산이며 축복의 상징이다. 그들은 신의 축복이라 믿는 자녀들에게 하나님을 경외하도록 철저히 가르친다. 자녀를 가르치는 일은 어머니와 아버지 공동의 책임으로, 아버지는 이스라엘 민족의 역사와 율법, 지혜의 보고인 탈무드를 가르치고 어머니는 인성 교육을 맡는다. 하나님 말씀 안에서 지혜롭고 도덕적으로 올바른 인간으로 키우기 위해 노력하고, 자녀는 부모에 의해 자연스럽게 하나님 섬김과 민족의식을 고양하는 것이다.

유대인에게 부모는 하나님으로부터 자녀 교육을 위탁받은 교사다. 유대인에게 부모와 자녀의 관계는 하나님과 이스라엘의 관계와 같다. 하나님의 백성이 하나님을 섬기고 그 뜻에 순종하는 것처럼 유대인 자녀들은 부모를 공경하고 부모의 뜻에 순종한다. 교사인 아버지는 식탁에서 성경을 가르친다. 식사 시간에 질문과 답변이 장시간 오가는데, 아버지는 단답형으로 대답하지도 빨리 대답하지도 않는다. 분석적이고 통합적으로, 깊고 넓게 사고할 수 있도록 지혜롭게 유도하며 시종일관 부드러움을 잃지 않는다. 아버지는 날마다 식탁에서 가르치기 때문에 자녀에 대해 많이 알고, 자녀를 깊이 이해한다. 따로 시간을 내어 대화하지 않아도 식탁에서 이뤄진 대화만으로도 충분히 서로를 깊이 이해하고 신뢰하게 된다.

자녀는 부모에게 받은 교육을 다시 자신의 자녀에게 대물림한다. 부모가 그랬던 것처럼 자신의 자녀를 소유가 아닌 위탁의 개념으로 키운다. 부모에게 배운 그대로 하나님을 경외하도록 철저하게 교육한다. 부모에게 배운 방식으로 하나님 중심의 세계관을 자식에게 계승하기 때문에 그들은 부모 자녀 간에 소통이 잘 이뤄진다. 이스라엘이 그렇게 긴 세월 동안 어디에서나 민족의 정체성을 지킬 수 있었던 것은 밥상머리 교육의 힘이다.

이렇듯 부모가 자녀에게 믿음을 잘 전수하는 신앙 교육은 참 중요하다. 그런데 안타깝게도 부모의 믿음만 좋으면 자식의 믿음도 절로 좋아지겠거니 착각하는 경우가 많다. 그러다 보니 자식에게 하나님 말씀을 가르치기보다 무조건 기도에만 집중하는 경향이 있다. 또한 보상 심리가 작동하는지, 부모가 열심히 교회 봉사를 하면 하나님이 자식을 전적으로 책임져 주시는 줄로 오해한다. 아주 틀린 건 아니지만 이러한 생각을 절대시하면 곤란하다.

예수님은 제자들을 위해 기도만 하지 않고 가르치기도 하셨다. 말씀으로 가르치고 삶으로 가르치셨다. 제대로 가르쳐야 한다. 가르치지 않아서 그들을 망하게 만든 대표적인 아버지인 엘리 제사장과 같이 되어서는 안 된다.

"그가 자기의 아들들이 저주를 자청하되 금하지 아니하였음이니라"(삼상 3:13).

엘리 제사장은 자녀 교육에서 반면교사로 삼아야 할 인물이다. 다윗 역시 개인적으로는 하나님의 마음에 합한 사람이라는 최고의 찬사를 받았지만 자녀 교육에는 실패한 인물이다. 다윗의 셋째 아들 압살롬은 자신의 친누이 동생 다말을 욕보인 이복형 암논을 죽이고, 아버지의 왕권에 도전하여 아비의 후궁을 겁탈하는 죄를 범했다. 결국 요압의 손에 죽었다. 동생 아도니야 역시 반역을 꾀하다가 솔로몬에 의해 죽었다. 조선조 '왕자의 난'을 연상시키는 피비린내 나는 형제 간 살육전의 책임은 아버지 다윗에게 있다. 다윗은 자신의 신앙심을 자녀들에게 물려주지 않았다. 자식들이 잘못했을 때 책망하거나 꾸짖거나 말씀으로 훈계했다는 성경 구절이 보이지 않기 때문이다.

자녀에게 말씀을 심어 주지 않으면 세상의 성공과 세속 문화에 자녀를 빼앗기기 쉽다. 부모 세대는 자녀 세대가 말씀에 기초한 가치관과 삶의 기준을 정립하도록 성경적 세계관을 제시해야 한다. 어릴 때부터 말씀으로 양육해서 자녀에게 돈독한 신앙심을 물려줄 때 믿음의 가정으로 바로 서게 될 것이다.

가르침과 함께 가정의 하모니를 완성시키는 것이 기도다. 말씀만 교육하고 기도하지 않으면 교만한 자녀로 키우기 쉽다. 균형 잡힌 신앙을 심어 주려면 부모의 기도가 뒤따라야 한다. 훌륭한 자녀 뒤에는 기도하는 부모가 있다. 사무엘의 어머니 한나, 어거스틴의 어머니 모니카, 존 웨슬리의 어머니 수산나 모두 자녀를 위해 기도하는 어머니였다.

한 분 더 꼽자면 나의 어머니가 있다. 내 어머니는 목회자의 길을 걷는 아들을 위해 새벽마다 기도하셨다. 예수님을 영접하시기 전에는 서울에서 혼자 생활하는 아들을 위해 정화수를 떠놓고 비셨는데, 예수님을 영접하고 나서는 아들의 목회를 위해 새벽마다 눈물로 기도하셨다. 그 기도가 다른 사람의 기도보다 간절했음은 두말할 나위가 없다. 아내 역시 세 자녀를 무릎으로 키웠다.

하나님은 부모의 눈물에 약하다. 눈물의 기도를 들어주신다. 기도야말로 최고의 자녀 사랑의 표현이라는 것을 아시기에 사랑이신 하나님이 응답해 주시는 것이다. 기도는 그 어떤 교육 프로그램보다 뛰어난 교육 방법이다. 부모의 기도는 자녀의 천국 영양식이다. 자녀를 하나님의 사람으로 키우길 원한다면, 최고의 사랑 표현인 기도를 멈추지 말아야 한다.

선교의
하모니

~~~~~~~~~~~~~~~~~~~~~~

요즘 여기저기에서 다문화 사역 이야기를 많이 한다. 주변을 둘러보아도 어렵지 않게 다른 나라에서 건너온 이들을 만날 수 있다 보니 한 사회 속에 여러 집단이 지닌 문화가 공존하는 상황이 되었다. 앞으로는 더욱 그러할 것이다.

그런데 다문화라는 말이 주는 어감 때문에 곳곳에서 갈등이 빚어지기도 한다. 원래 다문화는 다양한 문화가 공존한다는 의미로 사용된 것인데, 처음 우리 사회에 다문화가 형성될 때 단일민족의 자부심이 컸던 우리 민족으로서는 다른 문화를 이질적으로 받아들여 한차원 낮게 생각하는 경향이 있었다. 하지만 시간이 지날수록 민족 간의 벽은 빠르게 허물어졌고 문화 또한 통용되는 시점에 와 있다. 이런 시점에서 나는 다문화라는 말 대신 '글로벌'로 고쳐 쓰자고 말한다. 언어와 문화가 다르다는 점에 방점을 찍을 게 아니라 그리스도 안에서 하나라는 관점에 주목하고자 함이다. 그리고 모두가 수긍할 수 있는 글로벌이라는 말로 고쳐 쓸 때 이해와 방향성이 분명해지기 때문이다.

효 운동을 전개하면서 적지 않게 들었던 말이 있다. 21세기 글로벌 시대에 효라니 너무 고리타분하지 않냐는 시각이었다. 그것은 마치 '효 = 옛날 시대'라는 공식을 대입한 것과 같은 반응이었다. 솔직히 그런 반응에 의기소침해지기도 했는데, 효를 하모니 정신으로 확장시켜 목회 사역을 하면서 생각이 완전히 바뀌었다.

효야말로 교회가 추구해야 할 글로벌 사역에 아주 좋은 도구라는 사실이다. 앞서 효의 삼통(三通) 정신에 대해 말했듯 효는 유교, 불교, 그리고 기독교를 관통하는 통교(通敎)적인 사상이다. 또한 수천 년 전의 과거로부터 현재까지 지속되어 통시(通詩)적이며, 사상과 이념을 뛰어넘어 통념(通念)적이다. 모든 종교와 세대와 이데올로기를 뛰어넘는다.

글로벌 사역을 해야 하는 이 시점에서 효야말로 국제적으로 적용할 수 있는 사상이며 선교적 도구가 될 수 있다. 효를 하모니 정신으로 승화시키되 그 하모니 정신의 기반이 된 것이 성경 말씀이기에 충분히 복음적인 선교 방식이었다. 실제 이러한 생각은 주효했다.

2009년, 중국에 다녀오게 되었다. 중국 베이징 사범대학과 인민대학에서 강연을 의뢰해 왔던 터라 성산효대학원대학교 총장 신분으로 강단에 올랐고, 공산권인 중국에서 성경적 효에 대해 마음껏 전했다.

원래 중국은 마음 놓고 복음을 전하기 어려운 나라다. 선교를 하다가 공안에 잡혀 감옥에 갇히거나 벌금을 내는 나라가 중국이다. 그런 곳에 효를 들고 가니 아무 문제가 되지 않았다. 복음의 옷을 입은 효와 7대 사명은 오히려 그들을 매료시키고 흥분시켰다. 〈중앙일보〉의 한 기자는 효의 원조를 자처해 온 중국에서 한국 성리학자도 아닌 목사가 현직 철학 전공자들을 상대로 효 강연을 하는 진풍경이 벌어졌다는 내용의 기사를 썼다.

실제로 강연은 진풍경 그 이상이었다. 베이징의 두 대학에서 진행된 '효가 희망이다'라는 강연은 폭발적인 호응을 얻었다. 우리 교회의 7대 사명과 효의 영어식 발음 표기 'HYO'를 윗사람과 아랫사람의 화합과 조화(Harmony of Young and Old)라고 설명할 땐 중국 학자들의 박수갈채가 쏟아졌다.

인민대학 철학원의 한 교수는 "한국의 성산효대학원대학교의 효운동이 아주 실제적이어서 놀랐으며 효 정신이 모든 것을 뛰어넘는 정신적 가치라는 기본 인식 아래 조화를 강조하는 한국의 효 운동은 중국에서 배워야 할 내용"이라고 말했다. 인민대학에서는 철학원을 중심으로 '중국효선언문'을 만들어 부모 공경 문화를 확산시키는 등 뜨거운 반응을 이어 갔다.

당시 중국은 후진타오 정권이 경제 성장과 함께 문화혁명 때 말살시킨 효 사상을 다시금 부활시키면서 효 문화 확산에 노력을 기울였는데, 아마도 경제 성장의 후유증으로 혹시 올지 모를 도덕적 해이를 미연에 방지하려는 듯 효 문화를 확산하고 있었다. 과거 우리 조선 사회가 그랬듯 효를 통해 사회 질서를 바로잡고 도덕성을 바로 세우려 했던 것이다. 절대 가치와 정신이 사라지고 점점 다원화되는 시대에 효가 정신적, 윤리적 대안의 필요충분조건이라는 것을 간파한 듯하다. 그렇지 않고서야 효의 종주국이라 자처하는 그들이 스스로 말살하던 효 정신을 부활시키며 우리에게 배우려 하겠는가.

이러한 배경 속에서 진행된 효 강연이었기에 중국에서의 효 강연은 성경적 효를 효과적이고 합법적으로 전하는 동시에 양국의 우호 관계를 다지는 민간 외교 역할까지 톡톡히 해낸 의미 있는 시간이었다.

중국에서 강의를 진행하면서 확신이 왔다. '아, 이것이구나' 하고 정신이 번쩍 들었다. 우리 그리스도인은 때를 얻든지 못 얻든지 복음을 전할 의무가 있는데, 효&하모니 사상을 가지고 세계 어디든 들어가 복음을 전할 수 있으니 이것이야말로 글로벌 사역에 맞춤이라는 생각이 들었다. 만약 목사의 신분으로 공산권이나 이슬람권에 들어가려 했다면 바로 쫓겨났겠지만, 효 강사로 강단에 서서 복음을 전할 수 있게 되었으니 하나님의 빅피처에 참으로 감사했다.

그 후 우리는 성경적 효를 글로벌 사역에 접목시키는 일에 적극적으로 나서고 있다. 영어, 일어, 베트남어로 번역된 〈효신학개론〉을 통해 성경적 효를 접한 베트남의 반응도 뜨거웠다. 베트남의 한 시민은 7대 사명 중 하나인 '부모·어른·스승 공경' 같은 교육을 자국에서 받아 본 적이 없다며 놀라워했다. 인성뿐 아니라 하나님을 섬기는 부분까지 다루는 성경적 효를 통해 베트남 국민들이 예수 그리스도를 영접하기를 원한다고 말했다. 이렇듯 성경적 효는 복음을 전하는 통로가 되고, 민간 외교 역할을 담당하며, 세상과의 접촉점 역할을 하고 있다.

특히나 북한선교에도 효가 선한 영향력을 발휘하길 소망한다. 누구보다 남북의 화해를 원하고 기도하는 나로서는 지금의 남북관계나 통일의 방향에 대해 생각이 많다. 어느 한쪽이 기울어지는 통일, 즉 흡수 통일안, 연방제 통일은 진정한 통일이 아니라고 생각한다. 통일보다 평화가 먼저 되어야 한다. 어느 한쪽도 상처받지 않고 함께 상생할 수 있는 평화, 이는 기도로만 가능하다.

"누구든지 자기 친족 특히 자기 가족을 돌보지 아니하면 믿음을 배반한 자요 불신자보다 더 악한 자니라"(딤전 5:8).

북한 동포와 우리는 한민족이다. 가장 가깝고도 먼 나라가 북한이지만 땅끝까지 이르러 예수의 증인 되어 살아야 하는 우리가 품어야 할 선교지다. 이들과 화합하는 길은 오직 하나님 사랑으로만 가능하다.

사실 유교적인 효의 마인드로 북한을 바라볼 때, 북한을 용서한다는 건 나로서는 불효다. 전쟁으로 사랑하는 가족을 잃었고 힘겨운 삶을 살아야 했으니 그들을 받아들이고 사랑하는 건 불효다. 하지만 하나님 입장에선 효다. 이웃을 내 몸같이 사랑하라고 하셨기에 그 명령을 준행하는 효자다.

우리는 성경적 효를 실천하는 자녀이기에 당연히 북한을 사랑하고 받아들이고 하나님의 백성이 되도록 인도해야 한다. 친족을 돌보는 효의 마음으로, 가족을 돌보는 효의 정신으로 기도하며 그들에게 다가설 때 땅끝까지 복음이 전파되어 인류의 하모니를 이룰 수 있다고 믿는다.

바라기는 성경적 효 운동이 선교와 더 밀접하게 하모니를 이루었으면 한다. 세계 곳곳에 파송된 선교사들은 효의 가치를 누구보다 잘 안다. 깊은 골짜기와 도서 벽지까지 교회가 안 들어간 곳이 없는 우리나라에서는 복음 전파가 힘든 일이긴 해도 위험한 일은 아니다. 하지만 선교지에서는 복음 전파가 매우 위험한 일이다. 성경적 효는 선교사들을 위험으로부터 보호해 주는 안전장치가 될 뿐 아니라 복음을 효과적으로 전할 수 있는 도구가 될 것이다.

이에 인천순복음교회는 교회에 주신 사명을 완수하기 위해 성경적 효의 씨앗을 부지런히 뿌렸다. 2,000년 전 바울이 탄 배를 통해 복음이 로마로 갔다면, 지금은 효의 배를 타고 복음이 전 세계로 나가고 있다. 풍토병에 걸린 몸으로 외롭게 복음을 전한 사도 바울에 의해 복음이 유럽과 아시아로 전해진 것처럼 세계 곳곳에 뿌려진 효의 씨앗이 복음으로 열매 맺기를 기도한다.

세계 곳곳에 뿌려진 그 씨앗이 어쩌면 우리 세대에서 열매를 못 거둘지도 모른다. 그렇다 하더라도 우리는 더욱 부지런히 성경적 효의 씨앗을 뿌릴 것이다. 성경대로 믿고, 성경대로 살고, 성경대로 전하고, 성경대로 가르치는 것을 하나님 아버지가 제일 원하시기 때문이다.

우리는 더욱 부지런히 성경적 효의 씨앗을 뿌릴 것이다.
성경대로 믿고, 성경대로 살고, 성경대로 전하고,
성경대로 가르치는 것을
하나님 아버지가 제일 원하시기 때문이다.

천대에 흐르는 하모니

요즘 들어 내 인생의 가장 자유로운 시간을 보내는 중이다. 2016년 원로목사로 추대받고 난 뒤 2년간 주일에 한 번씩 설교를 했지만 2년이 지난 후 모든 설교를 내려놓게 되면서 아주 홀가분해졌다. 교회 일만 내려놓았을 뿐 효대학원이나 하모니 선교회, 또 여러 개의 사단법인과 협회 등 활동이 많은데도 가벼운 마음으로 일한다. 하나님께 갈 시간이 점점 가까워 오면서 마지막 휴가를 얻은 기분이랄까. 그러다 보니 새삼 새롭게 깨닫는 것이 있다.

바로 사람의 귀함이다. 이전에도 늘상 사람들과 함께 부대끼며 더불어 일했지만, 지금처럼 사람이 귀하게 느껴진 적이 없었던 것 같다. 덕분에 어느 모임이나 회의에 가서 스피치를 할 기회가 생기면 사람 이야기를 많이 하곤 한다.

"사람만큼 귀한 게 없습니다. 하나님만큼 귀한 게 사람입니다. 사람 귀하게 여기셔서 사람과 하모니를 이루세요."

생각해 보면 하나님이 성경적 효를 발견하게 하시고 지금껏 그 길을 걸어오게 하신 것도 결국 사람이 귀하다는 것을 알게 하시려는 것 같다. 창조주 하나님을 아버지로 여기는 효가 정립되고 나면 나머지는 모두 사람과의 하모니를 이루는 효다. 사람과 사람이 만나 서로 사랑하고 화해하고 존중하는 과정이다. 그러니 여기에 사람이 빠지면 아무 유익이 없다.

오늘날 한국교회의 위기에 대해 이야기를 하곤 한다. 2020년 유례없는 코로나19 사태를 맞으며 한국교회의 위기론이 거세지기도 했다. 이 일련의 사태를 지켜보며 한국교회 부흥의 역사를 함께해 온 목회자로서 많이 가슴이 아팠고 회개했다. 그동안 교회가 너무 하나님만 바라보고 살았고 사람을 돌아보지 못했음이 깨달아져서다. 하나님 없이 사람만 앞세우는 것도 아주 큰 잘못이지만 사람 없이 하나님만 말하는 것도 잘못이다. 그런데 교회가 담장 밖으로 나가지 못하고 사람과 사회에 무관심했다. 하나님이 많이 슬프셨을 것 같다. 성경적 효를 발견하게 하시면서 사람과의 관계 가운데에 행해야 할 효를 더 많이 드러내게 하신 것도 같은 맥락이라는 생각이 든다.

효 운동을 시작하면서 이러한 깨달음이 왔던 순간이 기억난다. 꽤 오래전 일이다. 거룩한 욕심이 많던 목회자 곁에서 헌신해 온 몇몇 제직들과 여행길에 올랐다. 꽤 오래 걸리는 여정이었기에 비행기에 앉아 신명기 28장 말씀을 묵상하고 있는데 이 구절에서 가슴이 뛰었다.

"여호와께서 너를 머리가 되고 꼬리가 되지 않게 하시며 위에만 있고 아래에 있지 않게 하시리니 오직 너는 내가 오늘 네게 명령하는 네 하나님 여호와의 명령을 듣고 지켜 행하며 내가 오늘 너희에게 명령하는 그 말씀을 떠나 좌로나 우로나 치우치지 아니하고 다른 신을 따라 섬기지 아니하면 이와 같으리라"(신 28:13-14).

좌로나 우로나 치우치지 말라는 구절이 가슴에 와서 부딪혔다. 과연 좌로나 우로나 치우치지 말라는 것이 좌도 보지 말고 우도 보지 말라는 의미가 아닌, 좌도 보고 우도 보되 균형을 잘 맞추라는 의미가 아닐까 생각이 들었던 것이다.

그러고 보니 하나님은 십자가를 통해 하나님과 우리와의 작대기, 성도와 성도 간의 막대기를 함께 포개 놓으셨다. 한쪽만 있는 십자가는 없다. 우리 곁에 있는 사람도 보면서 하나님과의 관계와 잘 조화시키라는 의미로 다가온 것이다.

그날 저녁, 여행지에서 말씀의 은혜를 나누며 함께 펑펑 울었다.

그동안 하나님만 보고 사람에 무관심했던 우리 자신을 회개하자며, 이젠 하나님도 바라보되 옆 사람도, 가족도, 이웃도 바라보자며 그게 바로 우리에게 주신 효의 마음일 거라고 울며 뜨겁게 기도했다. 그날의 감동과 감격에 감사하다. 정말 이제는 하나님도 바라보고 사람도 바라보는 하모니의 시대가 되어야 한다.

효 운동을 하고 하모니 광고를 통해 사회적 목소리를 내는 나를 향해 보수네 진보네 말이 오간다. 그런데 나는 보수도 진보도 아니다. 성경이 기준 되는 목사다. 다만 좌도 우도 보지 않는 게 아니라, 좌도 보고 우도 보되 치우치지 않는 성경적 삶을 내세울 뿐이다.

얼마 전 한 TV 채널에서 한국교회 원로로서 후배들에게 한마디를 부탁해 왔다. 그곳을 통해서도 그간 느낀 바, 어찌 보면 목회생활을 통틀어 깨닫게 된 이야기를 했다. 지금 후배 세대들은 아주 잘하고 있다. 우리 세대는 성령운동과 말씀운동이 대립했지만 지금은 둘이 같이 잘 가고 있다고 생각한다. 다만 사람과의 수평적 관계에 소홀했던 점을 반면교사 삼아 사람이 하나님만큼이나 귀하다는 것을 알고 하모니를 이루되 기독교가 가져야 할 중용 정신, 하모니 정신을 잘 유지한다면 미래는 아주 밝다고 본다.

이 말을 전하면서 다음세대에 막중한 책임을 지우는 것 같아 마음이 뭉클했다. 그럼에도 자유를 잘 누리지 못한 우리 세대와는 달리 자유를 만끽해 온 다음세대이기에, 자유를 바탕으로 한 책임 의식을 가지고 사람과의 하모니를 잘 이룰 거라는 믿음이 든다.

정말 그러기를 바란다. 하나님이 주시는 천대에 흐르는 복, 하나님이 천대에 이르러 원하시는 하모니는 하나님을 아버지로 섬기는 자녀들이 서로서로 손을 맞잡고 강강술래를 하고 효 아리랑을 부르는 모습일 것이다. 서로를 향해 쥐었던 주먹을 풀고 손바닥을 펴서 서로의 체온을 느끼며 사랑하고 존중하는 모습이다. 이 하모니가 세대를 초월해, 세계를 초월해 퍼져 나가길 기도한다.